청소년 갭이어,
나답게 성장하는 1년의 쉼

- 꽃다운친구들 경험 청소년과 가족들의 이야기 -

기독교학교교육연구소 기획
강영택, 이종철, 이하나 지음

쉼이있는교육

1년의 쉼이 우리 청소년들의 삶을

바꿀 수 있다는 믿음으로

새로운 교육운동을 실천하고 계신 모든 분들께

최근 한국 교육계에서 발견되는 중요한 변화 중의 하나는 언스쿨링(unschooling)의 시도가 이루어지고 있다는 점이다. 언스쿨링은 학교를 다니는 스쿨링을 멈추고 그것으로부터 벗어남으로 전혀 새로운 교육을 추구하는 것을 의미한다.

우리는 전통적으로 교육(education)을 학교 다니기(schooling)와 동일시해 왔다. 그러나 오히려 학교를 다니지 않음으로써 진정한 교육을 경험하려는 시도들이 이루어지고 있는 것이다. 물론 홈스쿨링(homeschooling)도 언스쿨링의 하나로 이해할 수 있지만, 단지 학교만 다니지 않을 뿐 학교에서 공부하는 것을 집에서 그대로 답습한다면 그것은 진정한 의미에서의 언스쿨링이라고 볼 수 없다.

언스쿨링 개념은 1971년도에 이반 일리치(Ivan Ilich)가 쓴 『탈학교사회』(Deschooling society)에서 이미 나타나고 있다. 교육은 아침부터 저녁까지 학교라는 건물에 아이들을 가두어 놓고 일방적으로 지식을 주입하는 것이 아니라 오히려 그 학교 밖으로 나와야 함을 주장하였는데, 최근에 그런 교육의 실제적인 시도들이 이루어지고 있는 셈이다.

언스쿨링의 대표적인 외국 사례로는 덴마크의 〈에프터스콜레〉(Efterskole), 아일랜드의 〈전환학년제〉(Transition Year) 등을 들 수 있다. 유형별로 성격의 차이가 있지만 전통적인 학교 다니기를 멈추고, 1년 동안 쉼과 노작, 여행, 진로 탐색 등을 통해 학교에서 배울 수 없는 의미 있는 경험을 하도록 돕는 교육을 한다.

우리나라에서도 이와 유사한 시도들이 이루어지기 시작하였는데 서울시교육청을 중심으로 공교육 안에서 시도되고 있는 〈오디세이학교〉와 강화도의 작은 폐교에서 이루어지고 있는 〈꿈틀리인생학교〉, 그리고 1년의 방학을 함께 갖기로 한 〈꽃다운친구들〉 등을 들 수 있다. 오디세이학교는 공교육에 적을 둔 고교 1학년 학생들을 위탁받아 스스로 자신의 진로를 모색할 수 있도록 다양한 활동을 진행하는 프로그램이고, 꿈틀리인생학교는 기숙형 언스쿨링 프로그램으로서 부모의 통제로부터 벗어나 스스로 자신의 삶을 꾸려갈 수 있도록 돕고 있다. 꽃다운친구들은 쉼과 놀이, 여행 등 중학교를 졸업한 학생들에게 1년 동안 스스로를 발견할 수 있는 여백과 공간을 제공하고 있다.

언스쿨링은 현재 시도 단계에 있기 때문에 그 성과를 평가하기에는 이르지만 오늘날 기존의 교육에 중요한 도전을 주고 있는 것은 분명하다. 학교를 멈춤으로 오히려 진정한 교육이 시작될 수 있음을 보여 주고 있기 때문이다. 정말 무엇이 교육이고, 왜 학교를 다녀야 하는가를 물으며 교육의 본질을 다시금 생각하게 한다. 그리고 부모들에게는 우리가 무엇을 향하여 달려가고 있었는지, 진정으로 성공적인 자녀교육이 무엇인지를 되새기게 하며, 자녀들에게는 내가 누구인지, 나의 마이웨이는 무엇인지를 진지하게 추구하게 한다.

에릭슨의 심리사회적 발달단계 8단계 중 청소년기는 자아정체감 확립의 시기임을 우리가 알고 있지만, 우리 학생들은 입시 위주의 교육 속에서 내가 누군지를 생각할 여유조차 없다. 그러한 그들에게 자신을 돌아볼 수 있는 공간을 갖도록 돕는 것은 너무나 중요한 교육의 기회라고 할 수 있다.

기독교학교교육연구소는 〈꽃다운친구들〉의 연구 의뢰로 '꽃다운친구들 종단 연구'를 진행하였다. 한국에서 이루어지고 있는 언스쿨링의

청소년 갭이어,
나답게 성장하는 1년의 쉼

한 사례에 대한 연구이지만 언스쿨링의 흐름 전체에 대한 연구이기도 하고, 이것은 단지 언스쿨링의 개선에 공헌할 뿐만 아니라, 대안학교가 진정한 대안을 추구하는 데에도 매우 중요한 시사를 줄 수 있으며, 우리 나라 공교육이 어떻게 본질을 회복해야 할지 방향을 제시하는 데에도 도움을 줄 수 있으리라 기대한다. 그리고 이 연구는 또 하나의 스쿨링이 되어 버린 교회교육에 대하여도 무엇이 진정한 기독교교육인지를 성찰 하는 거울이 될 수 있을 것이다.

이제는 우리 모두 브레이크 없이 질주하던 스쿨링을 잠시 멈추고 우리가 어디를 향해 왜 달려가고 있는지를 진지하게 물어야 한다. 이 책이 우리 모두에게 이러한 달음질을 멈추고 잠시 쉬는 시간, 그리고 새로운 교육의 여정을 고민해 보는 공간이 되기를 소망한다.

2022년 10월

박상진 (기독교학교교육연구소 소장)

추천의 글 1

　　입시 경쟁 교육으로 지칭되는 한국의 교육 현실은 학생은 물론이고 학부모와 교사 모두를 불행하게 한다. 문제는 이러한 현실이 단지 교육만의 문제가 아니라 학벌에 대한 사회적 인식, 노동 시장의 불균형, 양극화와 불평등 등 사회 전반과 연결되어 있기 때문에 해결이 쉽지 않다는 것이다. 따라서 이러한 사회와 교육의 문제가 해결될 때까지 기다릴 것이 아니라 당장 이 문제로 고민하고 있는 아이들에게 대안적 교육을 만들어 주고자 하는 노력이 시작되었다. 경쟁이 아닌 더불어 함께 살아가고, 암기 위주의 문제풀이가 아닌 삶에 기반한 다양한 질문들을 스스로 찾아가는 배움을 제공하는 대안교육운동이 다양한 형태로 시도되고 있다.

　　한국에서 8년 전부터 시작된 '전환기 학년'도 이러한 대안교육의 한 형태다. '전환기 학년'은 중학교를 졸업하고 고등학교에 진학하는 17세 전후의 학생들이 입시에 대한 공부를 잠시 중단하고, 자신을 돌아보며 세상을 탐색함으로 자신과 세상을 연결해 보도록 한다. 이 시간을 통해 자신만의 미래를 꿈꾸고 거기에 맞는 길을 찾도록 도와주는 1년의 배움을 제공하는 과정이다. 덴마크의 〈에프터스콜레〉에서 영감을 얻은 이러한 교육적 실천은 교육청이 주관하는 〈오디세이학교〉, 민간 기숙형 학교인 〈꿈틀리인생학교〉, 그리고 가정이 중심이 된 〈꽃다운친구들〉 등으로 나타났다.

이 가운데 꽃다운친구들은 입시경쟁의 흐름을 따라가지 않고 주체적으로 자녀를 양육하고자 했던 한 가정이 중학교를 졸업한 딸과 상의하여 고등학교 진학을 1년 미루고 스스로 원했던 공부와 활동을 하도록 했던 실천을 이웃 가정들과 공유한 데서 출발했다. 그 후 첫해에는 뜻을 같이하는 10여 가정이 모였고, 고등학교 진학을 1년 미룬 자녀들이 함께했다. 모임은 3일 동안은 가정에서 스스로 공부와 쉼의 시간을 가졌고, 2일은 함께 모여 삶을 나누고 공동체 활동을 하는 방식으로 확대되었다. 그렇게 스스로 배우고 또 서로 배우면서, 선배 가정들의 실천을 후배 가정들과 나누면서, 이 시대 입시경쟁의 흐름에 조용히 저항하면서 새로운 교육 문화를 만들어 온 것이다.

이 책은 이러한 꽃다운친구들이 만들어 온, 작지만 의미 있는 실천을 연구하고 분석한 연구다. 국가의 행재정의 뒷받침 없이, 훈련된 교육자의 도움 없이, 아이를 입시경쟁의 흐름에 맡기기를 원치 않던 평범한 부모들이 스스로 길찾기에 나서 아이들이 만들도록 해 온 이 교육 실천은 그 어떤 교육개혁에 못지않게 소중한 것이다. 이러한 교육 실천이 맺은 열매들에 대한 기록이 이 시대 교육으로 인해 아파하는 평범한 시민, 학부모들에게 또 다른 실천에 도전할 수 있는 용기를 줄 수 있기를 간절히 소원해 본다.

2022년 10월

정병오(오디세이학교 교사, 좋은교사운동 이사장)

추천의 글 2

2016년은 우리나라의 교육에 작지만 매우 의미 있는 진전을 이룬 해로 감히 기억한다. 2015년 〈오디세이학교〉가 문을 연 것을 시작으로 2016년에는 〈꽃다운친구들〉(꽃친), 〈열일곱인생학교〉(용인, 일산) 그리고 〈꿈틀리인생학교〉가 일제히 문을 열고 새로운 형태의 교육현장을 선보였다. 자연스럽게 관계자들은 틈틈이 만나고 연합 연수도 진행했다.

각 학교(?)의 교육과정과 형태는 모두 나름의 개성을 담고 있었고, 그만큼 다른 점들이 많았다. 그렇게 나름의 방식으로 진행이 되었고 졸업생들을 배출하기 이르렀다. 반전이 있었다. 전혀 다른 성격의 공간에서 참여했던 지난 1년을 회고하는 과정에서 거의 모든 학생들의 감상이 비슷했다. 우리 교육 현장의 극단적인 타율적 상황을 겪은 바, 자율성이 어떤 형태로든 구체적으로 주어졌을 때 우리 학생들의 반응과 행동은 거의 같은 방향으로 움직이는 것이었다.

그런 중에도 〈꽃친〉은 뚜렷한 특징을 가지고 있었다. 우리 교육 현장에서 외곽으로 밀려나 있었던 학부모가 뚜렷하게 학생, 학부모 그리고 교사로 이루어지는 교육 삼주체의 하나로서 뚜렷한 역할을 담당하게 된 것이었다.

　이 책은 지난 6~7년간 진행된 〈꽃친〉의 과정뿐만 아니라 한국의 전환교육을 잘 정리해 주었다. 무엇보다도 어느 다른 연구에 비해서 부모님의 역할과 목소리가 조화롭게 담겨 있다. 꽃친의 가장 큰 특징이다. 전환교육을 택하지 않는 학부모들도 이 내용을 통해 늘 장외에서 조바심만 내던 학부모의 역할을 보다 구체적으로 살필 수 있을 것이고, 어떻게 자녀들과 의사소통을 할 수 있을지에 대해서도 큰 도움을 받을 수 있으리라 생각한다. 연구자들의 노고에 감사드린다.

2022년 10월

정승관(전 꿈틀리인생학교장)

추천의 글 3
돌아오지 않는 화살은 쏘지 마라

사랑하는 아이야, 화살을 쏘아 본 적이 있니. 화살은 쏠 때 정조준하지 않으면 빗나가고, 빗나간 화살은 버릴 수밖에 없단다. 세월을 비유할 때 화살에 빗대는 이유를 생각해 봤어. 쏜살같이 빠르기도 하지만 돌아오지 않는 화살처럼 그냥 허비되었기 때문이 아닐까 싶다.

활을 쏠 때는 최소한 세 가지는 명심해야겠지. 분명하게 목표를 정할 것, 정확한 방법대로 쏠 것, 과녁에 맞출 때까지 반복할 것. 그래서 말인데, 세월이 화살이라면 분명한 목표를 정하고 정확한 방법을 찾는 것이 중요한 일이 아닐까.

소중한 화살 하나를 손에 든 장수라면 함부로 시위를 당기지 않을 거야.

사랑하는 아이야, 너는 무엇을 반복하고 있느냐. 무슨 목표를 향해 어떤 방식으로 활 시위를 당기고 있느냐. 돌아오지 않는 화살을 쏘지 마라. 과녁에 맞추어서 뜻을 이룬다면 돌아오지 않아도 좋을 것이다. 〈꽃다운친구들〉에서 목표와 방법을 벼르는 방학을 제안하는 이유도 네 손에 든 화살이 소중하기 때문이란다.

2022년 10월

이광하(일산은혜교회 담임목사)

두 아이를 기르는 엄마면서 부모교육 강사이기도 한 이수진 대표가 자기 삶의 자리에서 소박하게 시작한 아주 특별한 삶과 교육 실천을 위한 자리, 〈꽃다운친구들〉(줄여서 〈꽃친〉)에 대해 들어 보셨는지요? '교육'이라 하면 자동적으로 학교를 떠올리게 되는 우리 사회의 오래된 통념이 있습니다. 그런 고정된 생각의 굴레를 벗어나 '대안교육'이라는 전혀 새로운 차원의 교육운동이 시작된 지 세월이 꽤 흘렀습니다.

그런데 몇 해 전부터 대안교육이나 공교육 영역을 넘나들며 참신한 돌파구를 모색하고자 하는 또 다른 시도들이 나타나기 시작했지요. 서구의 전환학년제, 에프터스콜레, 갭이어 프로그램 등을 기반으로 구현되기 시작한 신선한 교육적 결과들입니다. 〈꽃친〉은 그중의 하나로, 아주 도전적인 주제, '쉼'을 모토로 하고 있지요. 벌써 여러 해 동안 졸업생들을 배출했고요. 이 교육현장은 외롭지 않았습니다. 이 분야에 정통한 박상진 교수님과 기독교학교교육연구소가 그 동반자요 연구자요 후원자로 함께 하셨으니까요.

그 값진 성과물이 몇 해 전 "2017-2020 꽃다운친구들 종단연구보고서"라는 이름으로 나왔습니다. 이 책은 이 보고서를 새롭게 재구성하여, 꽃친이 가지는 다양한 교육학적 의미를 탐색, 제시한 책입니다. 실천과 연구의 성과가 한데 어우러져 있는 이 책은 우리 교육의 고질적 병폐를 정말 한 번 제대로 돌파해 보고 싶은 모든 이들에게 상상력과 용기 그리고 모험심과 우정의 연대를 선사하기 위한 보기 드문 시도요 신뢰할 만한 길라잡이라 할 것입니다.

산 중 깊은 데서 샘이 솟으니 커다란 기쁨입니다.

송순재(감신대 은퇴교수, 전 서울시교육연수원장)

추천의 글 5

한국의 공교육은 인간의 잠재력을 최대한 끌어내어 각자 자신의 은 사와 재능을 따라 직장을 찾아가도록 도와주는 공식적 활동으로서는 턱 없이 역부족이다. 한국의 공교육은 양질의 직장을 갖지 못하고 행복한 삶의 터전을 일구는 데 실패하는 사람들에게 자학적인 죄책감을 심어주 는 억압적 가부장제이다. 그것은 문과라서, 지방대학이라서, 비인기전 공이라서 양질의 직장을 구하지 못했다는 패배감을 심어주는 교육이다.

이 책은 이 억압적인 교육체제를 상대화시키는 창조적인 대안을 꿈 꾸도록 상상력을 자극한다. 부당한 기준으로 우열을 나누는 성적지상주 의, 국영수, 과탐, 사탐 등 핵심과목의 우열로 인간의 우열을 나누는 무 자비한 공교육체제에 창조적 균열을 내는 이 책은 다시금 교육이란 무 엇인가를 되묻게 한다. 한국의 공교육의 폐해를 극복하는 것도 결국 교 육임을 자각케 한다. 다만 공교육을 중심으로 보자면 언스쿨링이 그 대 안이 될 수 있다고 본다.

덴마크, 아일랜드, 한국의 언스쿨링 실험들은 저마다 강점이 있고, 단기적 목표는 달라 보이지만, 근본적으로 동일하다. 교육이란, 인간을 자유케 하고 고도로 주체화하고 개성화하면서도 동시에 인류공익에 기여하는 개성적 개인을 길러내고 지지하는 활동이라는 것이다. 이 책이 불지펴 준 상상력을 덧입어 더 많은 언스쿨링 실험들이 전국방방곡곡에서 일어나기를 기도한다. 척박한 공교육 체제 아래서도 이 작은 창조적인 실험이 가능하다는 점이 일단 안심을 준다.

이 책을 세 부류의 독자들에게 추천한다. 첫째, 공교육 도그마에 사로잡힌 교육자들, 교육당국자들이다. 이 책을 통해 그들이 자신들의 인습적인 교육성과평가를 근본적으로 성찰할 수 있는 계기를 만나길 원한다. 둘째, 홈스쿨링을 하거나 그와 유사한 언스쿨링을 시도 중인 모든 부모들, 교육자, 그리고 학생들이 이 책을 읽고 용기를 받고 정진하기를 기대한다. 마지막으로, 공교육 제도에 적응하느라고 심신이 피폐해진 청소년들이 이 책을 읽고 자신의 잠재성, 은사, 재능을 스스로 발견하는 계기를 얻기를 기대한다.

김회권(구약학자, 숭실대학교 교목 실장)

"정말 1년씩이나 학교를 다니지 않아도 괜찮을까요?" 청소년 안식년(전환학년, 갭이어) 운동을 하면서 가장 많이 접하는 질문입니다. 직접 경험과 간접 관찰을 해 온 바 괜찮다는 것을 믿지만, 학문적으로도 검증이 된다면 너 확신을 가지고 말할 수 있으리라 기대하며 의뢰한 연구입니다. 연구를 통해 〈꽃다운친구들〉은 격려를 받았고 한편으로는 부족한 점도 알게 되어서 유익합니다. 좁은 시야에 갇히지 않고 계속 배우며 생각하며 걸어갈 힘이 됩니다.

이 운동을 시작했던 7년 전부터 변함없는 생각은 우리나라 청소년에게 '쉼'은 필수영양소와도 같다는 것입니다. 다른 것이 아무리 충분해도 한가지 요소가 치명적으로 결핍되면 온전한 성장이 일어나지 않는다는 식물 이론이 있더군요. 우리 청소년들에게 결핍된 것이 무엇인지 사실 모두가 알고 있지만 애써 외면하는 것 같습니다. 불안 때문에요. 이 연구가 우리 사회를 휘두르고 있는 불안지수를 조금은 낮춰 줄 거라고 기대해 봅니다. 1년쯤 쉬었다 가도 괜찮더라는 경험을 한 청소년과 가정들이 조금씩 쌓여 갑니다. 참 다행스럽게도 중학교와 고등학교 사이 시간을 주체적으로 자유롭게 보내는 경험을 통해 청소년들이 내재된 건강

성과 생명력을 되찾는다는 것을 이번 생애사 연구가 보여 주었습니다.

　　나아가, 연구자나 교육 관계자들이 주로 들여다보는 딱딱한 연구보고서로 남을 수도 있었는데 읽기 좋은 책으로 발간되어 참 좋습니다. 아이들의 온전한 성장에 관심 있는 많은 분들 손에 이 책이 들려지기를 바랍니다. 수년에 걸쳐 꽃친을 속속들이 살펴주신 기독교학교교육연구소 연구진 여러분께 감사드립니다. 연구를 가능하게 해 주신 지앤앰글로벌문화재단과 한빛누리재단에도 다시 한번 감사를 전합니다.

2022년 10월

이수진 (꽃다운친구들 대표)

차
례

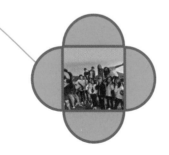

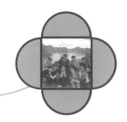

1

국내외 청소년 갭이어 운동과

〈꽃다운친구들〉

'아, 나 작년에 잘 쉬었어. 그렇기 때문에 지금 할 수 있어.' 내지는 '내가 만약 바로 이 과정으로 들어왔으면 아마 나 지금 못했을 거야. 근데 작년에 쉬었기 때문에 나는 할 수 있어.' 이런 식으로 아이들이 이해를 하더라고요.

실컷 쉬면 채워지는 게 분명히 있다. 그런 증거를 저는 계속 받아들이죠.

<꽃다운친구들> 교사B

01

국내외 청소년 갭이어 운동과 <꽃다운친구들>

들어가는 말

꽃과 같은 아름다움이 있다는 말이 '꽃답다'이다. 바로 이렇게 눈부신 시절을 살아가는 우리나라 청소년들을 떠올려 본다.

실제로 2018년 경제협력개발기구(이하 OECD)의 국제학업성취도평가(Programme for International Student Assessment, 이하 PISA)에 의하면, 한국 청소년들은 OECD 회원국 중 학업에 있어 수학 1~4위, 읽기 2~7위, 과학 3~5위로 높은 성취를 보였으나, 삶에 대한 만족도 지수는 6.52로 OECD 평균인 7.04보다 낮게 나타났다. 우리나라의 입시 위주 교육은 많은 청소년들이 그들의 시간을 사교육에 투자하게 만들었으며, '월화수목금금금'의 삶을 살게 했다. 이처럼 쉼을 가질 수 없는 학생들은 학교에서도 주입식, 암기식 교육을 따라가느라 자기 탐색은 물론, 진로에 대해 고민하기 어려운 현실이다. 높은 수준의 학업 성취 수준을 보이지만 행복한 청소년 시절은 보내기 어려운 실정에 놓인 것이다.

　이러한 상황 속에서 2013년 정부는 '꿈과 끼를 키우는 행복교육'이라는 교육비전을 실현하기 위해 중학교 연구학교를 대상으로 아일랜드의 〈전환학년제〉(Transition Year), 덴마크의 〈에프터스콜레〉(Efterskole) 등을 모델링한 자유학기제를 시범 운영해 왔다. 자유학기제란, 중학교에서 한 학기 또는 두 학기 동안 지식·경쟁 중심에서 벗어나 학생 참여형 수업과 이와 연계한 과정중심 평가를 실시함으로 학생의 소질과 적성을 키울 수 있도록 다양한 체험 활동을 운영하는 교육과정이다. 교육부·한국교육개발원(2016)의 연구에 따르면 자유학기제는 참여한 학생·교사·부모들에게 긍정적인 영향을 미치는 것으로 분석되었다. 수업 방법의 개선, 학생의 수업 참여, 학교생활의 행복감, 교육 결과, 학교 구성원 간의 관계 만족도 등 학교생활 전 영역에 걸쳐 일반학교보다 높은 만족도를 주었고, 나아가 2016년 100%의 학교가 자유학기제에 참여하게 되었으며, 2018년에는 자유학년제로 발전, 확대되었다. 특히 학습의 즐거움, 자기 주도적 학습방법의 획득, 개성과 강점의 발견, 협력과 소통을 통한 학습 등을 경험하게 함으로써 자유학기(학년)제는 4차 산업혁명 사회에 부응하는 학교의 모습으로 재조명받고 있다.

　이러한 분위기 속에서 중학교 졸업 뒤, 고1의 진학 문턱에서 잠시 숨을 고르고 싶어 하는 청소년들을 위한 학교와 프로그램도 전국적으로 다양하게 시행되고 있다. 공교육에서는 서울시교육청이 2015년부터 고

청소년 갭이어,
나답게 성장하는 1년의 쉼

교 자유학년제 교육과정으로 1년제 〈오디세이학교〉를 실시하고 있으며, 경기도교육청은 주말이나 방학 등을 활용한 〈꿈의학교〉, 청소년 자치를 통한 마을공동체의 일환으로 〈몽실학교〉(구 꿈이룸학교)를 운영하고 있다.

한편 민간에서는 기숙형과 통학형의 청소년 갭이어 실험들이 이루어지고 있는데, 인천 강화에서는 청소년들이 1년 동안 휴학하고, 기숙사 생활을 통해 더불어 살아가는 법, 행복한 인생을 설계해 나가는 힘을 길러 주는 〈꿈틀리인생학교〉가 운영되고 있다. 그리고 〈꽃다운친구들〉이 바로 여기에 있다. 이는 1년 동안 방학을 스스로 선택한 청소년과 그들의 가족이 모임을 갖는 가족 공동체 프로그램이다.

이러한 시도는 해외에서부터 시작되었다. 아일랜드의 전환학년제(Transition Year)와 덴마크의 에프터스콜레(Efterskole)가 그것이다. 이 두 가지 해외사례를 먼저 살펴보고, 〈꽃다운친구들〉과 비교해 본후 꽃다운친구들에 대해 집중적으로 살펴보려고 한다. 꽃다운친구들을 알기 위해서는 우리나라에서 시작한 〈오디세이학교〉, 〈꿈틀리인생학교〉를 아는 것이 선행되어야 하기에 두 학교를 먼저 살펴본 후 마지막으로 꽃다운친구들을 살펴보기로 한다.

1. 해외사례

1) 아일랜드의 <전환학년제>

아일랜드 교육체계는 초등, 중등, 고등의 세 단계로 이루어져 있으며, 6~17세에 해당하는 초등, 중등 교육과정은 의무교육이다. 이어 중등 교육과정의 45%가 대학에 진학하고 있는데, 일반적인 유럽 국가와 달리 오로지 시험 점수로만 대학 및 학과의 합격 여부가 결정된다. 따라서 아일랜드의 고등학생은 입시를 위한 졸업 시험 점수를 위해 치열하게 경쟁하고 매진하며, 부모는 그런 자녀에 대한 기대로 높은 교육열을 가지고 있다. 그 배경은 아일랜드의 역사에 있다. 영국의 식민지하에 있던 아일랜드는 산업이 다양하게 발전하지 못하였기에 의대나 약대 등 전문직에 대한 선호도가 높은 편이다. 우리나라와 사회, 역사적인 교육환경이 유사한 아일랜드의 교육 관계자들은 아이들의 숨통을 틔워 줄 방법으로 〈전환학년제〉(Transition Year)를 개발한 것이다(양소영, 2014).

아일랜드의 교육체계는 다음 그림과 같다. 전환학년제는 중등교육 과정 중 우리나라 중학교 과정에 해당하는 주니어과정을 마치고 우리나라 고등학교에 해당하는 시니어과정에 들어가기 전, 1년 동안 운영되는 체험 중심의 학교 교육과정이다. 1974년 당시 교육부 장관이던 리차드 버크(Richard Burke)가 경쟁적 교육환경에서 벗어나 자신에게 몰두하고 진로와 인생을 성찰할 기회를 제공해 주기 위한 교육의 대안으로 〈전환학년제〉의 도입을 시도한 것이다. 이어 1994년부터 아일랜드 국립대 명예교수인 제리 제퍼스(Gerry Jeffers)를 중심으로 급진적인 확대가 시작되었고, 좋은 프로그램을 가진 학교에서는 80% 이상의 학생이, 실행이 미진한 학교에서는 50% 정도의 학생들이 전환학년제에 참여하고 있다(양소영, 2014).

전환학년제 기간 동안 학교는 고교졸업시험(Leaving Certificate)

과정 공부를 철저히 배제한 채, 입시를 위한 문제 풀이식 수업 대신 체험 중심의 교육과정을 학교 재량으로 새롭게 기획한다. 각 과목은 3가지 이상의 교육역량을 목표로 실행되며, 교내 수업 및 교실 밖에서 이루어지는 교육활동으로서 대학교, 공공기관, 지역사회, 기업들에서 운영하는 프로그램에 학생들이 참여한다. 학교 및 학생 개인은 1주씩 3회로 이루어지는 직업 체험 현장을 직접 선택해서 참여한다.[1]

[그림 1-1] 아일랜드 교육부(2012). "아일랜드 교육체계(Irish Education System) 재구성", Retrieved from http://www.education.ie/en/The-Education-System.

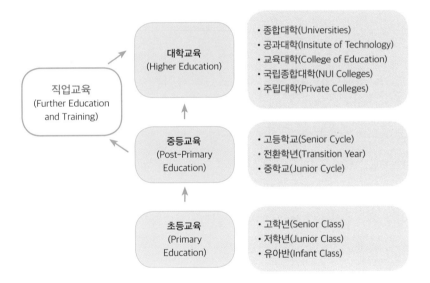

---

1) 〈전환학년제〉 동안 직업체험활동을 할 곳을 찾기 위해서 학생들은 www.careers portal.ie와 www.transitionyearhelp.com을 참고한다. 아일랜드 전환학년제와 관련된 교육부 홈페이지는 http://www.education.ie/en/The-Education-System이다.

김나라·최지원(2014)의 연구에 따르면, 전환학년제는 공부 스트레스에서 벗어나 스스로 성숙할 수 있는 기회를 얻게 되며, 자기 주도적 학습 능력이 향상되기에 돌아와 다시 학업에 열중할 힘을 얻게 한다. 2004년 스미스(Smyth)와 해넌(Hannon)의 'Transition Year-Assessment' 보고서에서도 전환학년제를 경험한 학생들이 그렇지 않은 학생들보다 더 높은 점수를 받았다. 또한 아일랜드 교육과정평가원인 NCCA(National Council for Curriculum & Assessment)에서 실시한 종단연구에 의하면 전환학년제를 이수한 학생들이 보다 교육적으로 새로운 것을 추구하고, 새로운 과목들을 선택하며 도전정신이 강했고, 성적도 향상되는 경향을 보였다.

전환학년제는 학생의 학업성취 능력을 넘어서 흥미와 재능을 살려줌으로 잠재력을 개발하는 것에 교육적 목적을 둔다. 전환학년제를 통해 학생들은 다양한 교과목을 경험함으로 자신의 모든 가능성을 탐색하여 자신의 진로를 찾는 길에 서게 된다. 또한 친구들뿐 아니라 지역 단체들과의 협업을 통해 학생 간, 교사-학생의 관계도 증진되며 공동체성도 형성된다. 1년의 기간 동안 전환학년제에 참여한 학생들은 학교를 벗어나 지역사회에서 봉사와 직업 체험을 함으로써 직업 세계에 대한 이해의 폭이 확장되고, 사회성도 배울 수 있다.

또한 전환학년제는 국가 수준의 표준화된 교육과정이 아닌 학교의 환경과 상황에 맞게 자유로운 프로그램을 개발하여 운영되기에 학생과 부모 모두의 만족도가 높고, 학생들 개개인의 진로 개발에 도움을 준다. 그리고 코디네이터와 같은 전담 인력을 통해 프로그램을 개발하여 운영됨으로, 코디네이터가 교장, 학교 경영진, 부모, 지역사회 단체, 교사의 관계 형성과 전환학년제에 대한 정보제공, 평가 등에 책임을 진다. 전환학년제는 이와 같이 학교의 총체적 접근 방식으로 운영되기에 교사 전체의 협조와 협력이 필요하다.

2) 덴마크의 <에프터스콜레>

덴마크는 1814년 전, 세계 최초로 학령기 아동을 대상으로 한 7년간의 의무 교육제도를 국가 차원에서 도입하였다. 그러나 의무교육이 무분별하게 가정 공동체에 개입하는 것을 반대한 그룬트비(Grundtvig)와 콜(Kold)은 교육에 대한 국가의 독점을 거절하고, 부모와 교사가 정치적, 교육적으로 자유로운 형태로 설립, 운영하였고, 결과적으로 독자적 교육기관인 자유학교, 프리스쿨이 나타나게 되었다.[2]

그중 1851년 크리스텐 콜(Christen Kold)에 의해 처음 설립된 〈에프터스콜레〉(Efterskole)는 성인교육기관인 시민대학(Folkehøjskole)으로부터 유래하였기에 160년이 넘는 역사를 지닌다. 에프터스콜레란 공립 기초학교 졸업 후 김나지움이나 직업학교로 진학하기 이전의 학생을 위한 기숙형 자유중등학교이다. 에프터스콜레는 공교육 제도에 병렬

---

2) 덴마크 자유학교 홈페이지는 https://www.friskoler.dk/이다. 덴마크 학제는 크게 의무교육과 선택 과정으로 분류할 수 있고, 기본 교육과정(folkeskole)은 1~9학년으로 한국의 초·중등학교 과정에 해당한다. 국가적 공교육과 별개로 대안교육제도로서 사립학교·자유학교는 프리스콜레(1-9/10학년 대상), 에프터스콜레(8-10학년 청소년 대상), 폴케호이스콜레(18세이상 청년과 성인 대상)가 있다.

하는 구조로, 음악, 체육, 수공예, 자연 및 생태 등 특별 영역에 재능이 있는 학생들, 혹은 학교생활에 싫증을 내거나 공부에 어려움을 겪는 아이들이 1~2년간 자유롭게 공부할 수 있도록 한다. 특정 분야에 초점을 맞춘 교육을 한다는 점에서 일종의 특성화 학교라고도 할 수 있다.

에프터스콜레는 각 학교의 대표, 운영위원회, 교사, 부모의 생각과 의견에 따라 교육과정을 구성하여 진행한다. 학교마다 다양한 교육과정을 채택하지만 공립학교와 동일한 졸업시험을 치르며, 졸업시험 외에도 각 학교마다 다양한 최종시험을 치게 된다. 에프터스콜레의 담당 교사는 반드시 특정 교육을 이수하거나 이전의 학교 근무 경험이 필요하지는 않지만, 대부분 교사자격증을 보유하고 있으며, 현장 근무 경력을 가지고 있는 경우가 많다. 교사에게는 자신이 가르쳐야 할 분야에 대한 전문성과 학생들을 가르칠 역량이 요구된다.

14~18세의 청소년들이 다닐 수 있는 에프터스콜레는 모든 학생이 다녀야 하는 학교 형태가 아니라 희망하는 학생이 스스로 선택하여 다닐 수 있는 학교이다. 덴마크의 인구는 600만 명이 채 되지 않지만, 매년 2만여 명의 학생들이 260여 개의 에프터스콜레에 입학하여 집에서 떨어진 곳에서 8학년이나 9학년 혹은 10학년(14-18세)의 과정을 밟으며 전통적 학교 공부와 더불어 실천적 활동을 경험한다. 2014년 기준으로 덴마크에는 프리스콜레(자유학교)가 253개, 에프터스콜레가 251개 있다. 자유학교인 프리스콜레를 선택하는 아이들은 15%, 단기 학교인 에프터스콜레를 경험하는 아이들은 25~30% 정도로 짐작되고 있으며(현병호, 2016), 국가가 재정을 지원하지만, 학교운영비의 약 15%는 부모와 학생이 부담하는 구조이다(송순재, 고병헌 외, 2011). 학교당 학

생 수는 적게는 30명, 많게는 500명 정도이고, 평균은 105명 정도이다. 사립 교육기관으로 전원이나 마을 가까이 있고, 운영위원회가 큰 책임과 권위를 지니며, 학교는 덴마크 교육부 감독을 받는다(송순재, 2010).

에프터스콜레의 궁극적 목적은 학생에게 필요한 교육, 학문적 교과 외에 다양한 활동으로 개인 역량을 쌓는 것을 목적으로 한다. 고등학교 진학 전에 여유 있는 시간을 통해 다양한 경험을 쌓게 되고 이를 기반으로 자아를 성찰하고 진로를 탐색하며 깊은 우정을 형성하게 된다. 학생들은 삶에 여유를 가지는 법과 자신에 대한 성찰의 기회를 가짐으로 다음 단계의 학교교육을 준비하는 데 도움을 얻는다(김나라·최지원, 2014).

3) 해외의 청소년 갭이어와 우리나라의 <꽃다운친구들>

1812년에 시작되어 오랜 전통과 역사를 가진 <에프터스콜레>와 1960~70년대부터 시작한 아일랜드의 <전환학년제>를 다음 표와 같이, 키워드, 도입연도, 학생연령, 기간, 교과수업 병행여부, 주요활동, 공교육 체제 내/외, 주관자, 운영주체자, 기숙형/통학형으로 살펴보고자 한다. 특히 본 연구의 대상인 한국의 <꽃다운친구들>도 추가하여 외국의 사례들과 비교하여 분석하였다.

[표 1-1] 해외의 청소년 갭이어와 우리나라의 〈꽃다운친구들〉

	아일랜드 전환학년제	덴마크 에프터스콜레	한국 꽃다운친구들
키워드	숨쉴 틈	시민	방학
도입연도	1974년	1815년	2016년
학생연령(만)	15-16세	14-18세	16-17세
기간	1년	1-2년간	1년
교과수업 병행여부	O	O	X
주요 활동	-입시교과를 제외한 수업 -프로젝트 활동 (봉사, 직업체험 등 다양한 활동)	-다양한 관심사에 따른 활동, 여행, 봉사, 여가활동을 공동체가 함께 함	-주 2회 학생 모임 -월 1-2회 부모 모임 -자기탐구, 봉사활동, -여행유희, 관계형성
공교육체제 내/외	체제 내	체제 내	체제 밖
주관자	교육부가 주관하여 각 학교가 자율운영	시민단체가 학교 설립하여 실시	꽃친 통해 학생과 부모의 선택으로 실행
운영 주체자	학교 재량	설립학교와 학생 개인	꽃친과 부모, 학생 개인
기숙형 /통학형	통학형	기숙형	통학형(주2회) 간헐적 여행
선택/필수	학교운영방침	선택	선택
참여율	80-50% (2013년 기준)	25-30% (2014년 기준)	매 기수 10여 명

먼저 키워드를 보면, 아일랜드의 〈전환학년제〉는 교육의 억압으로부터 숨통을 틔게 한다는 점에서 〈꽃다운친구들〉의 1년간의 '방학'과 가장 유사하다. 아일랜드의 과도한 교육열이 우리나라의 교육현실과 가장 비슷하기 때문이다.

기간을 살펴보면, 1년간 진행되는 꽃다운친구들은 기간을 유예할 수 있는 덴마크 에프터스콜레와는 다르고, 1년으로 정해진 기간은 전환학년제와 가장 유사하다.

교과수업 병행여부에서 전환학년제와 에프터스콜레는 기간 중 학교 수업을 병행한다는 점에서 꽃다운친구들과의 차이점이 나타난다. 주요 활동 내용면에서 해외의 청소년 갭이어들은 모두 꽃다운친구들의 자기탐구, 봉사활동, 여행유희, 관계형성을 비슷하게 다루고자 하여 유사하다고 볼 수 있다.

그리고 전환학년제와 에프터스콜레는 공교육 체제 내에 있지만 꽃다운친구들은 체제 밖에 존재한다. 전환학년제는 국가차원에서 교육부가 주관을 하고 각 학교 재량으로 운영된다. 그러나 에프터스콜레는 시민단체가 학교를 결성하여 개인의 선택을 통해 모임을 주관하고, 꽃다운친구들은 꽃다운친구들 운영자들과 학생, 학부모들이 함께 운영해 간다.

학생들의 통학 유형을 살펴보면, 전환학년제는 통학형, 에프터스콜레는 기숙형으로 운영되지만, 꽃다운친구들은 주 2회의 모임과 간헐적 여행을 통해 함께 한다는 점에서 차별화된다.

또한 전환학년제는 국가 주도형 청소년 갭이어이기 때문에 필수적이지만 에프터스콜레와 꽃다운친구들은 희망 학생들만 참가하는 형태이다. 주목할 점은 에프터스콜레가 국가 주도로 시작되어 운영되지 않았음에도 참여율이 높다는 점이다. 이는 부모와 학생의 필요가 있다면 많은 학생들이 공교육을 탈피하여 새로운 교육적 대안을 마련해 나갈 수 있다는 것을 보여 준다. 입시경쟁이 과열되어 있는 한국에서는 특히 아일랜드의 전환학년제와 같이 아이들에게 숨쉴 틈을 줄 수 있는 청소년 갭이어들이 더욱 많아져야 할 필요가 있다.

또한 외국의 사례들과 한국의 대안교육들과의 상호 연관성을 따져 보면, 아일랜드의 전환학년제는 좀 더 공적인 영역에서 진행되고, 수업을 병행한다는 점에서 이제 살펴보게 될 오디세이학교와 연결되고, 덴마크의 에프터스콜레는 기숙형, 키워드가 '시민'이라는 점에서 꿈틀리학교와 연결된다.

2. 국내 사례

1) <오디세이학교>

1997년 즈음 한국에서는 '교실붕괴' 현상이 회자되기 시작하였다. 학생과 교사, 교실에서 매일 대면하는 주체들의 상호 무관심과 무시는 교실붕괴를 가장 적나라하게 보여 준다. 정부는 지난 20년간 교실붕괴를 이해하기 위한 세대적, 시대적 분석 없이 '공교육 정상화'를 외치며 대학입시전형만을 손질해 놓았으며, 이러한 시도들은 '사교육 시장'을 확대해 왔다.

한편, 1998년 5.31 교육 개혁조치로 인해 자립형 사립학교에게는 등록금책정과 교과운영 자율권이, 학생과 부모에게는 학교 선택권이 부여되었으며 이명박 정부의 '고교다양화 300프로젝트'의 법적 근거가 되기도 하였다. 이는 결국 경제적 양극화에 따른 교실 양극화로도 이어지게 되었다. 이러한 상황 속에서 정부는 공교육 정상화를 위해 입시제도가 아닌 학교제도의 변화를 꾀하기 시작했다(나윤경, 2016).

2013년, 중학교 1학년을 대상으로 자유학기제를 시범 운영해 왔으

청소년 갭이어,
나답게 성장하는 1년의 섬

며, 2016년에는 전국 중학교로 확대 시행되었다. 또한 공립형 학교교육 개혁 모델로 대안교육적 가치를 내세운 혁신학교가 자리 잡아 가고 있다. 특히 '세월호 참사' 이후, 한국 사회에 청소년 인권, 경쟁적 교육 시스템, 엘리트 중심교육 등에 대한 성찰이 깊어졌으며, 2014년 혁신학교를 지지해 온 진보교육감들이 대거 당선됨으로 대안교육을 통한 교육의 공적 기능에 대한 열망이 더해지고 있다. 그리고 대안교육의 실험들 또한 학교교육에 불만을 가진 사람들 사이에서 대체로 긍정적으로 인식되어 왔다. 이러한 맥락은 일반 고등학교의 교실붕괴에 대한 해결방안으로서 서울시교육청이 민간 대안학교와의 협력을 통해 '일반 고등학교'인 〈오디세이학교〉를 추진하게 된 배경으로 작용하였다(나윤경, 2016).

오디세이학교는 중학교 자유학기제가 우리 교육에 던진 성과와 한계를 배경으로 탄생했다. 자유학기제는 2013년 2학기부터 전국 42개교에서 시범적으로 시행되어 2016년부터 전국의 모든 중학교로 확대되어 지금까지 시행되고 있다. 그러나 자유학기제는 중요한 정책임에도 불구하고, 중1로 한정되어 성급하게 전면화되었고, 교육청이 관리해야 하는 업무로서 획일적인 통제 정책으로 흘러가면서 한계를 드러냈다. 그래서 처음에 자유학기제가 도입될 때 함께 고려되었던 '전환학년제'를 다시 논의하게 되었다(정병오·김경옥, 2019).

2015년 서울시교육청에 의해 시작된 오디세이학교는 고등학교 1학년 학생들에게 성찰과 체험 등 창의적이고 자율적인 교육과정을 통해 스스로 삶의 의미와 방향을 찾고 삶과 배움을 일치시키는 1년의 전환학년(Transition Year) 과정을 운영하는 학교이다. 그리스 신화 오디세우스의 영웅적 항해의 서사에 비유하여 고등학교 1학년 과정에서 새로운 도전과 경험을 통해 '삶의 의미와 방향을 찾는 교육 원정대'라는 뜻을 담고 있다. 학교의 설립목적은 첫째, 기존의 입시경쟁을 벗어나 자율적이고 창의적인 교육과정을 통해 학생들을 자발적 배움의 주체로 세우고, 동시에 미래사회의 변화를 주도할 창의적 진로 개척 역량과 사회 속에서 함께 살아가는 자율적 시민의식을 함양할 수 있도록 돕는 것이다. 둘째, 획일적인 교과 지식 중심의 교육과정 틀에서 벗어나 자유로운 사고와 체험 기회를 제공하는 공교육의 다양한 혁신 모델을 제시하는 것이다.

처음부터 민간 대안교육기관들과 긴밀한 협력 가운데 진행된 오디세이학교는 2015년 공간민들레, 꿈틀학교, 아름다운학교 3개의 대안교육기관과 함께하였고, 2016년부터는 아름다운학교 대신 하자센터가 참여하였다. 그리고 2017년부터는 두 해 동안 오디세이교육에 참여했던 공교육 교사들이 별도의 팀을 구성하여 서울시 혁신파크에서 한 학급을 맡아 운영하였고, 2020년에는 공교육팀이 2개의 기관(혁신파크, 이룸)을 담당하고 있다.

각각의 운영기관들은 몇 개의 공동교육과정을 제외하고는 각 기관의 교육과정 운영의 자율성을 최대한 보장하고, 아이들에게 삶의 의미와 방향을 찾게 한다는 점에서 지향점은 같다. 오디세이학교는 운영지원센터와 운영협의회를 두어 민관협력체제를 원활하게 유지하고 있다(정병오·김경옥, 2019). 그리고 초창기에는 서울시교육청에서 직접 운영하는 위탁형 대안교육과정 프로그램으로 출발하였으나 2018년부터는 각종학교[3]로 운영되고 있다.

'삶의 의미와 방향 찾기'라는 큰 비전 아래, 여유와 성찰, 자율성과 시민성, 지혜와 용기의 핵심가치를 두고 있는 오디세이학교는 공통교육과정과 선택교육과정을 중심으로 1명의 길잡이 교사가 10명 정도의 학생을 담당하고 있다. 그리고 2015년 1기 40명, 2016년 2기 82명, 2017년 3기 75명, 2018년 4기 90명, 2019년 5기 83명, 2020년 6기 79명, 2021년 7기 95명의 학생이 입학하였으며, 2022년 8기는 84명의 학생이 오디세이학교에 재학 중이다. 현재는 서울 북부의 '오디세이 혁신파크', '오디세이 민들레', '오디세이 꿈틀'과 서울 남부에 있는 '오디세이 하자', '오디세이 이룸'(신설, 서울교육연수원 분원) 5개의 반이 있다. 5개의 반은 독서토론/문화예술, 인턴십/인문학, 문화예술/문학과 성장, 시민참여/거꾸로 프로그램, 메이커, 과학문화를 중심으로 각각 특색있는 교육과정으로 구성되어 있다.

오디세이학교의 모든 수업은 교사의 일방적 설명 방식이 아니라 아이들이 스스로 생각하고 서로 이야기를 하는 과정을 통해 문제를 해결하는 방식으로 이루어진다. 교사는 질문을 던지고, 생각할 거리를 제공하고, 방향을 이끌어 가는 역할을 한다. 또한 1명의 길잡이교사가 10명 정도의 학생을 담당하고, 이 길잡이교사는 자신이 맡은 학생들이 각 교과 수업에서 무엇을 어떻게 배우고 있으며, 수업을 통해 배운 내용들이 아이들의 삶과 어떻게 연결되고 있는지를 확인하고 도와주는 역할을 한다. 길잡이교사는 평소에 아이들을 관찰할 뿐 아니라 교과 담당교

---

3) 각종학교란 「초·중등교육법」 제60조 제1항에 의거하여 초등학교·중학교·고등학교와 유사한 교육기관으로 정규학교가 담당하기 어려운 분야를 실시하는 학교와 유사한 시설을 갖춘 일종의 학교이다.

사들과도 주기적으로 소통하여 아이들이 자신의 배움을 내면화하고, 향후 배움에 대한 방향과 맥락을 잡으면서 성장할 수 있도록 한다(정병오, 2017).

나윤경(2016)의 연구 결과에 따르면 오디세이학교 학생들은 공부에 대해 '새로운 세상'을 경험하며 즐거워하고, 토론 중심으로 이뤄진 수업에서 자신의 답만큼이나 다른 사람의 답을 존중하고 고려하는 환경을 통해 '열린 사고와 상대적 사고'를 배웠다. 또한 학생들은 수준별, 심화반, 기초반과 같이 줄 세우기가 아니라 개인의 수준에 맞춰 수업이 가능하고 경쟁하지 않는 수업에 대해 만족하였다. 2017년 오디세이학교의 학생, 부모 학교 만족도 평가 결과[4]를 살펴보면 학생의 98.0%가 1년 과정을 통해 내면의 변화와 성장이 있었으며, 향후 이 경험이 내 삶에 도움이 될 것 같다고 응답하였다. 부모의 경우에도 오디세이학교에 아이를 보낸 것과 오디세이학교의 교육내용과 선생님에 대해 각각 92.1%, 93.7%, 95.2%로 다른 영역보다 가장 높은 만족도를 보였다.

이와 같이 오디세이학교의 학생들은 획일적인 시간표대로 움직이는 정규교육과정에서 벗어나 '자유' 속에서 스스로 성장하는 힘을 키웠

---

4) "2018 오디세이학교 교육계획서", 오디세이블로그, https://blog.naver.com/sen_odyssey. 교육계획서에서 밝힌 2017학년도 학교 만족도 평가 결과는 다음과 같다. 5지선다형으로 이루어진 객관식 평가 중, 매우 그렇다 및 그렇다의 긍정적 답변을 살펴보면 학생은 학교 선택 93.8%, 교육내용 93.8%, 선생님에 대해 92.2%의 만족도를 보였고, 친구들과의 깊은 우정에 대해서는 82.3%, 나의 성장과 변화에 대해 주위 반응 83.9%의 긍정적 반응을 보였다. 부모의 경우에는 아이의 변화와 성장에 대해 87.3%, 주변 부모들에게 오디세이학교 소개 및 권유 85.7%로 응답하였다.

청소년 갭이어,
나답게 성장하는 1년의 섬

고, 부모와 교사들은 학생들 스스로 무언가 해결할 수 있는 능력도 큰 변화 중 하나라고 언급하였다.

> 누가 저한테 뭘 물어보면 뭐라고 하면 '그냥'이라는 대답을 했었어요. 그러나 여기 오니깐 '그냥'이라는 두 글자로 해결할 수 없는 질문들이 막 들어오는 거에요. 그래서 (스스로에게) '왜'라고 물어보니까 그에 대한 이유를 설명해야 되는 거죠. …… 뭐든지 할 수 있다는 자신감이 생겼습니다. 뭐든지 할 수 있다는(자신감이요). 다양한 활동을 하다 보니까 자신감이 많이 생겼는데 복교해서도 잘 지낼 거라고 자신이 있는데 하나 마음에 걸리는 점은 여기서 맺었던 관계들…. ("고교 자유학년제 '오디세이학교', 성과는? : 송명준, 오디세이학교 2기 졸업생 인터뷰", TBS TV, 2017. 2. 1.)

그러나 인터뷰에서 언급한 것처럼 오디세이학교는 1년제 과정이기 때문에 함께 공부했던 친구들과 헤어지면서 겪게 되는 관계의 어려움 등이 발견된다. 또한 나윤경(2016)의 연구에서는 오디세이학교가 일반 고등학교로서 공교육 '고등학교 3년'의 틀 안에서 진행되기 때문에 '복교'를 했을 때, 자기 주도적 학습의 지속 (불)가능성에 대해서도 우려를 표했다. 공교육 제도 속으로 돌아갔을 때, 완전히 다른 학습 내용, 학습과정, 평가에 대한 걱정과 함께 일반 학교 적응에 대한 무서움, 지루함, 힘듦이 오디세이학교 학생들의 처한 현실이다. 스펙으로서의 학력이 아니라 진짜 '배우는 힘'이 필요한 이 시대에 오디세이학교의 교육은 공교육 안으로 확산되어야 할 이유가 있다. 경쟁적인 교육환경에 대한 대안으로 도입된 아일랜드의 전환학년제도가 확대되면서 많은 학생들이 참여하고 긍정적 성과를 거두고 있는 것처럼, 오디세이학교의 교육적 성과도 체계적으로 연구되어, 전국 여러 지역에 오디세이와 같은 학교들이 확대되고, 전체 한국교육(학생들이 복교할 학교)에도 영향을 미치길 기대해본다.

2) <꿈틀리인생학교>

UN에서 발표한 2013년 '세계 행복 보고서'[5]에 따르면 덴마크는 1위, 한국은 41위를 차지하였고, 2013년 이후 발표한 행복지수 보고서에도 가장 행복한 나라로 덴마크를 비롯한 핀란드, 노르웨이 등 북유럽국가들이 상위권에 두각을 나타내었다. 반면, 한국은 최근 2018년 조사에서도 156개 국가 중, 57번째를 차지했다. 한국은 경제대국으로 발돋움했지만 무엇보다 자살률이 높고, 출산율은 최하위인 나라이며, 안타깝게도 염유식 등(2017)에 따르면 청소년의 행복지수는 OECD국가 중 최하위권에 속한다.

이러한 상황에서 꿈틀리인생학교의 이사장이자, 오마이뉴스 사장인 오연호 대표는 학교를 설립하기 전인 2013년 봄, 행복지수 1위인 나라, 덴마크의 비밀을 캐내기 위해 덴마크를 여러 차례 방문했다. 그리고 이를 통해 깨달은 바를 『우리도 행복할 수 있을까』로 펴낸 후, 4년 동

---

5) "World Happiness Report", 세계행복지수홈페이지, http://worldhappiness.report/. 유엔 산하 자문기구인 The Sustainable Development Solutions Network(SDSN)는 2012년부터 세계 행복 보고서(World Happiness Report)를 매해 발표하고 있다.

청소년 갭이어,
        나답게 성장하는 1년의 쉼

안 전국을 순회하며 800회의 강연을 통해 전달하였다. 그는 그룬트비(Grundtvig)와 콜(Kold)이 이루어 낸 덴마크의 교육개혁부터 시작하여 덴마크를 행복하게 만든 여섯 개의 키워드인 자유, 안정, 평등, 신뢰, 이웃, 환경에 대해서 나누었다. 강연장에 모인 독자들은 덴마크의 여러 모습 가운데 가장 부러운 것과 우선 실천해야 할 것으로 대부분 '1년간 쉬는 기숙형 인생설계학교'인 에프터스콜레(efterskole)라고 답했다(오연호, 2018).

이렇게 〈꿈틀리인생학교〉는 덴마크의 에프터스콜레를 우리나라에 적용한 첫 번째 사례가 되었다. 오연호 대표는 덴마크가 행복한 이유에 대해서 살펴보면서 학생 때부터 쉬어갈 자유, 옆을 볼 자유, 다른 길을 갈 자유를 누리는 것과 관계함이 중요한 것을 알게 되었고, 그리고 그러한 자유의 향유를 가능하게 하는 데 중요한 역할로서 에프터스콜레를 우리나라에 시도하게 된 것이다.

꿈틀리인생학교는 덴마크 그룬트비의 농촌교육에 영향을 받은 풀무학교 전 교장 정승관 선생을 교장으로 모시고 2016년 2월, 강화도에 개교하였다. 중3 졸업생 또는 고1 이수 후 휴학한 청소년 30명이 참여하는 1년의 기숙형 미인가 학교로, 오마이뉴스 시민기자학교 공간을 베이스캠프로 두고 있으며, '자신을 세우고 함께 살아가는 세계시민'이 교육목표이다. 학교의 학생 수는 2016년 1기 31명, 2017년 2기 30명, 2018년 3기 25명, 2019년 4기 29명, 2020년 5기 22명, 2021년 6기 19명, 2022년 7기 20명의 학생이 입학하였다.

또한 꿈틀리인생학교는 "옆을 볼 자유, 인생은 즐겁다, 자존감과 더불어 함께, 스스로 일어나고 밥하고 빨래한다, 생명과 환경의 소중함을 생각한다, 우리와 세계를 알게 한다."의 6가지 설립정신을 가지고 있다. 구체적인 교육과정의 편성과 운영은 학교에서 지향하는 가치관과 방향성을 바탕으로 학생들과 협의를 통해 시행하고 있다.

꿈틀리인생학교 학교 설명회 자료집에 의하면, 입학 후 2월에 학생들과 학교생활에 대해 의논하는 예비교육기관을 두고 3월에는 합의된 교육과정으로 함께 살아보며 조율하는 과정을 거친다. 수업은 지금, 나, 우리 삶과 연결시켜 글쓰기, 역사, 철학 등의 인문학 분야에 대한 공부와 미술, 음악, 체육 등 예체능 분야에 대한 공부를 포함한 일상수업, 자신의 흥미를 심도 깊게 탐색하기 위한 개인과 팀별 프로젝트, 농업실습, 진로지도로 이루어진다. 그리고 학교 밖 현장에서 실제로 배우고 느낄 수 있는 '캠프 활동'과 각자 흥미 있는 분야와 관련된 장소에서 수업을 하는 '이동학교'도 있다.

1년 과정을 네 학기로 나누는데 1학기, 2학기, 4학기는 월~목요일까지 시간표에 따라 운영되며 금요일은 '농사농사'라는 이름으로 서로 배우기, 특강, 토론이 진행된다. 2019년 3학기에는 덴마크 한달살이를 진행하여 에프터스콜레에서 기숙하며 공부하는 경험을 하였다. 꿈틀리인생학교에는 '캠프활동 및 이동학교'라는 교과 외 교육활동이 있는데 캠프는 5월 말 또는 6월 초, 이동학교는 학기 중 협의로 진행된다. 이 이동학교 프로그램을 2018년에는 제주 4.3팀, '나'를 찾아 떠나는 여행팀, 전국일주팀, 중국팀, 일본팀 총 5개로 구성하였고, 2019년에는 덴마크 한달살이로 구성하였다.

시험도 없고, 점수도 없고, 경쟁도 없는 꿈틀리인생학교의 수업 중 가장 오랜 기간에 걸쳐 몸과 마음을 쏟는 두 가지는 여행과 농사짓기이다. 농사짓기는 꿈틀리인생학교의 정체성을 상징적으로 보여 준다. 학생들은 1년 내내 먹는 쌀과 야채를 학생들 스스로 생산하며, 이를 위해 강화도의 두 농가와 계약을 맺고 그들의 논과 밭농사를 학생들이 짓는다. 농사 선생님은 그 농가의 주인들이다. 논농사는 3월 거름내기부터 시작해 4월 못자리 만들기, 5월 모내기, 6월 피뽑기, 10월 벼 베기에 이르기까지 전 과정에 학생들이 직접 참여한다. 요즘 대부분의 농가는 모내기를 기계로 하지만 이곳에서는 손으로 직접 심으면서 학생들도 보람을 느끼게 된다. 자신이 먹는 밥이 어디에서 시작되었는지를 알고, 더불어 함께하는 노동의 소중함과 환경의 소중함을 알게 된다. 또한 동아리 활동은 내가 잘하는 것을 남에게 나눠 주는 활동으로 더불어 함께하는 즐거움을 몸소 체험하게 한다(오연호, 2018).

꿈틀리인생학교는 다양한 모습을 가진 자기 자신을 온전히 마주하고, 진지하게 충분히 고민할 수 있는 공간이다. 학교 입학 전, 수동적인 삶에 대해 인식조차 하지 못할 만큼 쉼 없이 달려왔던 대한민국 청소년들이 '나'와 '우리'에 대해 생각하고 앞으로의 인생에 대해 고민할 수 있는 장소이다.

나는 17년간 자동적인 삶을 살았다. 내가 어떤 사람이 되고 싶은지 물어볼 생각조차 하지 못했다. 나에게 뭐가 중요한지도 몰라서 그저 흘러가는대로 나를 방치하는 게 습관처럼 몸에 배어있었다. 2017년, 꿈틀리인생학교를 만나고 이런 습관들을 고칠 수 있는 기회가 생겼다. … "내가 부족한 점은 무엇인가? 이대로 괜찮은가? 내가 정말 좋아하는 것은 무엇인가? 앞으로 어떻게 살아가고 싶은가?"와 같은 고민을 수없이 반복했다. 이 고민들이 나를 움직이게 만들었다. 부족한 것이 많은 것은 앞으로 배울 것이 많다는 것. … ("'꿈틀리'에서 보낸 2년, 교사도 학생도 자랐다", 오마이뉴스, 2018. 2. 7.)

꿈틀리에 고맙다는 말을 하고 싶습니다. 제가 어떤 성격을 가지고 있는지, 무엇을 좋아하고 싫어하는지, 어떤 사람을 좋아하고 싫어하는지, 어떤 것을 잘 못하는지 등을 알게 해주었습니다. 1년 동안 꿈틀리에서 많은 것들을 얻을 수 있어서 정말 좋았습니다. 1년 동안 즐겁게 생활할 수 있어서 좋았습니다. 저는 다시 고등학교로 돌아갑니다. 다시 돌아가더라도 여기서 배웠던 생각들을 조금 조금씩 발전시키며 살아가겠습니다. ("꿈틀리에서 보낸 1년, 당신의 인생이 달라집니다", 오마이뉴스, 2018. 2. 12.)

이처럼 꿈틀리인생학교는 기존의 학교의 경쟁 대신 부족한 자신을 있는 그대로 사랑하고, 옆 친구와 이웃을 사랑하는 방법을 배운다. 한편 미인가, 기숙형학교이기 때문에 다른 학교보다 충분한 자금을 확보해야 학교를 원활히 운영할 수 있는 재정적인 문제를 가지고 있다(오연호, 2018). 임대료, 관리비, 교직원 월급, 숙식비 등 학교를 운영하는 데 필요한 기본적인 자금이 온전히 학생의 학비로 부담되기 때문이다. 일부 부족한 금액을 후원금으로 충당할 수 있으나 장기적인 관점에서 볼 때 학교가 안정적으로 운영되는 데 한계가 있다.

1851년 크리스텐 콜(Christen Kold)에 의해 처음 설립된 에프터스콜레도 1930년 에프스콜레법이 만들어지기까지 상당한 기간이 걸렸다. 시민단체에서 자발적으로 시작된 에프터스콜레는 정부의 지원은 받지만 정부가 간섭하지 않는 형태로 운영되고 있다. 현재 민간 차원에서 청소년 갭이어 운동이 점차 늘어나고 있는 상황 가운데 많은 학생들이 부담 없이 참여하고, 다양하고 특색 있는 민간차원의 교육이 확대되기 위해서는 정부 지원, 마을네트워크 활용, 후원 등 재정을 충당할 수 있는 여러 가지 방법이 모색되어야 할 것이다.

한편, 최근 들어서는 청소년뿐 아니라 성인들을 위한 쉼 학교가 관심을 모으고 있다. 예를 들어, 2019년 4월 신안군에 '섬마을인생학교'란 이름의 학교가 개교하였다. 이는 민(사단법인 꿈틀리)과 관(신안군)이 협력하여 운영하는 성인과 가족을 위한 학교이다. 이 학교가 의도하는 것은 아동과 성인이 함께 아름다운 섬에서 쉼을 누리면서 나와 우리를 새롭게 발견하고 나와 우리의 행복을 위한 에너지를 충전하는 것이다.

3) <꽃다운친구들>

2000년, PISA(Programme for International Student Assessment)에 처음 참여한 우리나라는 매 PISA마다 세계 최상위권의 학업 성취를 보임으로써 청소년들의 학습역량은 전 세계적으로 매우 우수한 수준인 것으로 널리 인식되고 있다. 그러나 최근 들어 교육성과를 파악하는 데 있어 이들이 처한 교육 여건을 고려한 효율성 측면에서 교육성과의 비교·분석이 필요하다는 지적이 제기되고 있다. 유한구·김영식(2015)의 연구에 의하면 PISA 2012에서 우리나라 학생들의 학습효율성은 매우 낮은 것으로 나타났다. 교육효율성의 측면에서 수학과목의 경우, OECD 34개국 중에서 34위, PISA 2012에 참여한 66개 국가 중에서는 58위에 그쳤다. 이처럼 높은 학업성취에도 불구하고 낮은 학습효율성은 서열 중심의 입시제도와 세계 최고 수준의 교육열과 사교육 시장으로 인한 학습시간 증가에서 기인한다고 판단된다.

〈꽃다운친구들〉의 이수진 대표는 우리나라 청소년들이 OECD 평균보다 훨씬 더 많이 학업에 매여 있으며, 이로 인해 청소년들의 삶의 균형이 심각하게 깨져 있는 것이 문제라고 생각했다. 한국의 고등학생들은 토요일과 일요일에도 학원과 숙제로 제대로 쉬지 못하며 반복되는 학습 가운데, 옆을 보지 말고 앞만 보라는 부모의 압박으로 인해 결국 자존감과 자아효능감도 하락하게 된다. 또한 이수진 대표는 우연히 아일랜드의 전환학년제를 알게 되면서 딸의 고등학교 입학을 잠시 보류한 후, 1년간의 방학을 먼저 경험하였다. 그리고 이를 공동체 안에서 나누면서 많은 사람들이 관심 갖고 있다는 것을 알게 되었고, 결정적으로 2014년 세월호 참사가 일어나면서 가족과 함께 '오늘'을 행복하게 사는 것이 중요하다는 것을 깨달았다. 개인의 각성으로부터 시작된 꽃다운친구들은 공동체의 공감과 세월호 사건으로 인해 그 필요성을 절감하게 되었다.

이러한 상황에서 자기만의 걸음으로 걷고 싶은 청소년들의 1년짜리 방학, 다시 말해 중학교 졸업 후 진학을 미루고 1년의 방학을 선택한 청소년과 그 가족들의 모임인 〈꽃다운친구들〉이 시작되었다. 꽃다운친구들에 참여하는 청소년들은 1년의 방학 동안 또래들과 사귀며 배우는 이틀, 부모님과 동행하며 성장하는 사흘, 그리고 풍성한 쉼과 자연을 누리는 주말로 52주를 보내게 된다. 그리고 자기만의 속도로 자신의 길을 걷는 용기 있는 청소년들과 그 가족들이 만드는 작은 마을을 지향한다. 또한 학업의 연장이 아닌 온전한 방학을 누리며, 학교의 다른 형태로서가 아닌, 새로운 문화로 꽃 피우길 원한다. 무엇보다 학교 같은 특정 기관에 부모들이 자녀를 '맡기는' 개념과는 다른, 가족동행프로그램을 매우 중요한 요소 중 하나로 꼽는다. 꽃다운친구들의 공동프로그램 영역은 자기탐구, 여행유희, 봉사활동, 관계형성으로 구성되어 있으며 자세한 내용은 다음과 같다.

[표 1-2] 〈꽃다운친구들〉의 공동프로그램

자기 탐구	자기 자신의 성격, 생각, 감정 등에 대해 깊이 이해하고 건강하게 표현하며 타인과 소통할 수 있는 능력을 배우고 익힘
봉사 활동	1회성 봉사활동이 아니라 사회적 약자들과 꾸준히 관계 맺으며 도움을 주고 우정을 나누는 경험
여행 유희	다양한 형태의 여행을 통해 휴식/새로운 경험/놀이/탐험/우정 쌓기 & 여행을 통해 알게 된 나, 변화한 나를 관찰할 수 있게 함
관계 형성	청소년들이 맺을 수 있는 사회적 관계망의 영역을 넓히는 경험, 우리 사회가 각 개인의 독특한 역할과 그 사이의 유기적 관계로 이루어졌음을 인식

꽃다운친구들의 부모는 자녀를 감시하고 통제하는 것이 아니라 격려하고 응원함으로 부모도 쉼을 갖는다. 또한 부모 자신의 성장을 위한 시간을 경험하며 여기에 참여한 가족이 커뮤니티를 이루어 모든 부모들이 모든 청소년들의 동반자로 사귐(공동체성)을 지향한다. 더불어 월 1~2회의 모임을 통해 사귐의 시간과 배움의 시간이 있다. 즉, 꽃다운친구들은 참여한 청소년뿐 아니라 교사, 가족이 서로 영향을 주고받으며, 유기적으로 연결되어 있는 공동체이다.

꽃다운친구들은 우리나라 공교육에서 확대된 자유학기제와도 다르고, 1년간 진로 중심으로 수업하는 덴마크의 에프터스콜레와도 다르다. 또한 1년간 대안교육 프로그램을 학과목과 동시에 제공하는 오디세이 학교와도 차별성을 두고 있다. 1년을 통째로 쉬면서 인생의 호흡을 고르려는 용기 있는 청소년들의 프로그램이다. 2017년 9월, 꽃다운친구들의 교사들은 인터뷰를 통하여 참여한 청소년들의 변화를 다음과 같이 설명했다.

> 1년 쉬면서 자기가 이후 스텝에 대해서 거의 대부분 자발적으로 결정한 친구들이 많아요. 그럴 수 있는 여유가 생겼고, 1년의 시간을 벌었고 먼저 진학한 친구들의 경험을 듣고 힌트를 얻고 결정한 것도 있고 실제적으로는 마음의 변화도 있지만, '내가 경험해 보고 내가 선택한 일이다.' 책임감 있는 자세를 갖게 되더라고요. (〈꽃다운친구들〉 교사A)

> 아이들이 지금 생활 적응하는 거 보면… 실은 저희도 이게 처음해 보는 거라 '괜찮을까?' 이런 걱정들에 비하면 지금 아이들이 지내는 얘기를 들으면 부모님들도 그렇고 실컷 쉬고 나니깐 차오르는 에너지가 있어요. 애들 말로도 그렇고 지켜보는 부모님도 그렇고… 물론 이게 처음에 빡센 공부를 해야 할 때, 애들이 적응할 때 힘들었다는 이야기를 했어요. 그래도 '아, 나 작년에 잘 쉬었어. 그렇기 때문에 지금 할 수 있어.' 내지는 '내가 만약 바로 이 과정으로 들어왔으면 아마 나 지금 못했을 거야. 근데 작년에 쉬었기 때문에 나는 할 수 있어.' 이런 식으로 아이들이 이해를 하더라고요. 실컷 쉬면 채워지는 게 분명히 있다. 그런 증거를 저는 계속 받아들이죠. (〈꽃다운친구들〉 교사B)

1년간의 방학을 통하여 꽃다운친구들의 청소년들은 자립심과 책임감이 강해졌고, 쉼을 통하여 얻어진 에너지를 통하여 다음 과정에 대한 용기와 자신감을 보였다. 또한 꽃다운친구들의 부모, 청소년들의 설문조사 결과, 부모와 청소년의 전체만족도는 8점 이상으로 높았으며, 특히 가장 높은 만족도는 부모, 청소년 모두 교사와의 관계였다. 자세한 내용은 다음 장에서 살펴보고자 한다.

꽃다운친구들은 다른 청소년 갭이어와는 달리 이틀 동안만 공동프로그램에 참여하기 때문에 가지는 한계도 있다. 지역 내 학교와 기숙사 학교는 주 5일 동안 친구들과 만나고 방과 후에도 함께하기에 용이하지만 꽃다운친구들은 주 2회 만나기에 빠르게 친해지기 어려운 구조 가운데 있다. 최근 이러한 한계를 극복하기 위해 상반기에 여행 프로그램을 도입하여 학생들의 친교를 위해서도 노력하고 있다. 또한 부모가 이틀을 제외한 나머지 시간 동안 함께 동행하기 때문에 다른 청소년 갭이어보다 부모의 참여도가 큰 비중을 차지한다. 교육에 있어 가정의 역할을 강조하였으므로 가정이 그런 기능을 할 수 없을 경우, 이 모델에 참여하기 어려운 면이 있다. 또한 저렴한 비용으로 많은 청소년들이 참여하기 위해서는 충분한 재정 확보도 필요하다.

4) 국내 청소년 갭이어와 <꽃다운친구들>

국내의 청소년 갭이어는 2015년부터 시작되었으며, 공교육에서 각종학교의 형태로 운영되고 있는 〈오디세이학교〉와 민간에서 이루어지고 있는 〈꿈틀리인생학교〉, 〈꽃다운친구들〉 등이 있다. 다음에서는 외국의 청소년 갭이어 사례 분석표의 항목을 토대로 국내 청소년 갭이어를 도입연도, 지원자격, 기간, 교과수업 병행여부, 주요활동, 학력인정여부, 공교육체제 내/외, 운영주체자, 기숙형/통학형, 모집인원을 다음 표를 중심으로 비교해 보고자 한다. 그리고 국내 청소년 갭이어의 특징과 〈꽃다운친구들〉에 대해서 살펴보고자 한다.

[표 1-3] 국내 청소년 갭이어 비교

	오디세이학교	꿈틀리인생학교	꽃다운친구들
도입연도	2015년	2016년	2016년
지원자격	중학교 졸업생 또는 중학교 졸업자와 동등한 학력	중학교 졸업생 또는 고등학교 1학년 재학, 검정고시합격자 중 ±1세까지	16세-17세
기간	1년	1년	1년
교과수업 병행여부	O(국어, 영어, 수학, 사회, 과학)	△	X
주요 활동	-공통교육과정 (글쓰기, 자치활동, 여행, 멘토특강, 기획활동, 보통교과 수업 등) -선택 교육과정 (프로젝트, 인턴십, 문화예술과정, 인문학과정, 시민참여과정, 문학과 성장과정)	-일상수업 (글쓰기, 역사, 철학, 미술, 음악, 체육 등) -프로젝트수업 (개인/종합) -농업실습 -캠프활동/이동학교	-주 2회:학생모임 -월 1-2회:부모모임 -자기탐구, 봉사활동, 여행유희, 관계형성
학력인정	O	X	X
공교육체제 내/외	체제 내	체제 외	체제 외
운영 주체자	서울시교육청, 공간민들레, 꿈틀학교, 하자센터	꿈틀리인생학교 사단법인 꿈틀리 (오연호 대표)	꽃다운친구들 (이수진 대표) 학생, 부모
기숙형/ 통학형	통학형(서울)	기숙형(강화)	통학형(서울, 경기) 주 2회
모집인원	매해 90명	매해 30명	매해 8-12명

국내 청소년 갭이어는 2015년 오디세이학교, 2016년 꿈틀리인생학교, 꽃다운친구들이 문을 열었다. 도입년도는 2015~16년이지만 설립배경을 살펴보면, 2012~13년부터 고민한 흔적을 찾아볼 수 있다. 꽃다운친구들은 2012년 이수진 대표(꽃다운친구들)의 딸이 고교진학을 미루고, 자유로운 시간을 갖게 한 것으로부터 시작되었고, 꿈틀리인생학교는 2013년 오연호 대표(오마이뉴스)가 '덴마크 행복사회의 비밀' 취재로부터 설립을 고민하게 되었다. 가장 빨리 개교한 오디세이학교는 2014년, 청소년 갭이어 TF를 구성하여 대안교육 전문가, 공교육 교사, 교육청 담당자가 학교를 준비하였다. 오디세이학교는 다른 청소년 갭이어에 비해 준비기간은 짧았으나 공간민들레, 꿈틀학교, 하자센터와 함께하는 민·관 협력형이기 때문에 교육과정 등에 상당한 도움을 받은 것으로 보인다.

오디세이학교, 꿈틀리인생학교, 꽃다운친구들의 지원자격, 기간은 거의 동일하다고 볼 수 있다. 중학교를 졸업하고, 고등학교 들어가기 전 1년을 주된 지원 자격과 기간으로 보고 있다.

교과 수업 병행 여부를 살펴보면, 오디세이학교는 국어, 영어, 수학, 사회, 과학 등 기본 교과목을 공통교육과정 안에 포함하였다. 꿈틀리인생학교는 교과 수업을 적극적으로 가르치지 않지만, 일상수업과 주제통합수업에서 기본 교과목을 학습할 수도 있다. 반면, 꽃다운친구들은 주 2회 모이는 통학형에 쉼을 강조하기 때문에 교과들을 배우지는 않는다.

공교육 체제 안에 있는 오디세이학교를 제외한 나머지 청소년 갭이어는 학력이 인정되지 않는다. 오디세이학교는 소속 고등학교 2학년으로 복교하고(1학년으로 돌아가기 원하는 이들은 1학년으로 갈 수도 있음),

꿈틀리인생학교, 꽃다운친구들은 고등학교 1학년으로 다시 진학하거나, 홈스쿨이나 대안학교 등을 통해 검정고시로 이후 진로를 선택한다.

오디세이학교는 서울시교육청과 공간민들레, 꿈틀학교, 하자센터 등 여러 기관이 협력하여 민관 협력으로 학교를 운영하고 있으며, 꿈틀리인생학교는 사단법인 꿈틀리의 오연호 대표가 중심이 되어 설립, 운영하고 있다. 꽃다운친구들은 이수진 대표를 중심으로 운영되고 있지만, 다른 기관들에 비해 부모가 주체적으로 참여하는 부모 동행 프로그램 성격을 가지고 있어, 가정의 역할이 강조되고 있다.

국내 청소년 갭이어들의 모임은 오전 9시 30분~10시 사이에 시작하여 오후 4시~5시경 마친다. 일반 고등학생들보다 훨씬 더 여유로운 1년을 보낼 수 있고, 미국 국립수면재단에서 발표한 8~10시간의 청소년 수면 권장량도 충분히 채울 수 있다. 한편, 꽃다운친구들은 다른 청소년 갭이어와 비교하여 볼 때, 주 2회 공동프로그램에 참여하기 때문에 개개인에게 주어진 자유 시간이 상대적으로 많은 편이라 청소년들이 스스로 시간을 활용하고 생활하는 것이 필요하다.

오디세이학교의 모집인원은 90명, 꿈틀리인생학교는 30명, 꽃다운친구들은 15명 내외이다. 공교육 체제 내에서 진행하는 오디세이학교의 학생들은 다른 청소년 갭이어에 비해 많은 편이고, '각종학교'로서 개교하는 등 점차 한국의 교육에서 입지를 다지고 있다.

5) 국내 청소년갭이어의 특징

앞서 살펴본 바를 토대로 국내 청소년 갭이어의 특징을 알아보고자 한다.

먼저, 국내 청소년 갭이어의 설립배경은 교실붕괴, 행복한 인생, 한국의 입시제도, 쉼 등 다양하나 공통적으로 '쉼'을 통하여 스스로 결정하고 배우면서 자기주도적인 청소년의 성장을 목표로 한다. 청소년 갭이어들은 공교육의 일반적인 교육제도와는 달리 '쉼'과 '여유(여가)'를 충분히 주어 청소년들이 자기 자신에 대해서 깊게 생각해보고, 독립적인 주체로 성장할 수 있도록 지원한다. 그러나 공교육 제도권 안에 있는 고등학교에 진학하게 되면 '입시'라는 거대한 것에 직면하게 되어 다른 어떤 것도 보지 못하게 된다.

조셉 피이퍼(Josep Piper)는 '여가'가 그리스말로 스콜레, 라틴어로 스콜라, 독일말로 슐레, 우리말로 '학교'를 의미하며, 교육의 장소, 심지어 양성의 장소를 지칭하는 단어가 여가라는 뜻의 단어라고 하였다. 또한 여가는 자신을 열어두는 사람의 태도이며, 이는 자신을 놓아주고 내맡기는 사람의 태도이나 비활동적인 것은 아니라고 하였다(Piper, 1998, 2011). 아리스토텔레스도 휴식은 단순히 노동을 일시적으로 중단하는 것이라면 여가는 휴식을 넘어서 인간의 행복을 주는 쉼으로 보았다(송대현, 2014). 이처럼 청소년 갭이어는 쉼을 통하여 행복을 경험하고 능동적으로 자신의 삶을 개척해 나가는 곳이자, 나아가 여가로서의 '학교' 본래의 뜻을 회복한 진정한 교육이 이루어지고 있는 장소라고 할 수 있을 것이다.

둘째, 청소년 갭이어는 프로젝트 중심의 학습과 인턴십, 농활, 여행 등 경험, 체험 중심의 학습을 지향한다. 꽃다운친구들에 '프로젝트' 활동이라고 명시하고 있는 활동은 없다. 그러나 자기탐구의 과정 가운데 내가

'꽂힌' 그 무엇을 소개하는 시간으로 '덕밍아웃'과 우리 사회에서 다양한 역할을 담당하고 있는 어른들을 직접 만나고 직업 세계에 대한 이해를 넓히고 자신의 미래를 계획하는 것 등이 프로젝트의 일환이라 할 수 있다.

프로젝트학습은 학생들이 주도하는 경험을 토대로 실행되며, 학생들의 주도적인 프로젝트 수행 및 결과물 공유를 강조하는 교수·학습 방법이다. 프로젝트 학습의 최초 형태는 듀이의 경험학습이며, 학습자가 책임 의식을 가지고 자율적으로 프로젝트 과업을 탐구하고 표현하는 과정이 동반된다. 또한 학습 태도 개선, 고차사고력, 관계능력이 증진될 수 있으며, 능동적인 시민성을 기르는 데 효과가 있다(박새롬, 2016).

한편, 크롬볼츠[6](Krumboltz)는 사회학습이론(Mitchell & Krumboltz, 1996)에서 다양한 경험과 체험이 자아 정체감과 세계관을 형성하게 되어 진로발달과정에도 영향을 미친다고 보았다. 이와 같이, 전통적으로 가르쳐오던 교과중심의 학습에서 탈피하여 배움의 주체로서 프로젝트 중심의 학습과 경험중심의 학습은 청소년들에게 자기주도성과 능동적인 시민성을 향상시킬 뿐 아니라 우연히 진로에 긍정적인 영향을 끼칠 수도 있을 것이다.

셋째, 국내 청소년 갭이어의 교사는 단순히 학생들에게 교과목을 가르치는 지식전수자가 아니라 학습이 잘 일어날 수 있도록 하는 안내

---

6) 학습이론가인 크롬볼츠는 인간이 살아가면서 만나게 되는 다양한 우연적 사건이 개인의 진로에 미치는 영향에 주목하였다. 한 개인의 진로발달과정에서 예상하지 않았던 일들이 일어날 수밖에 없고, 이러한 우연은 진로에 긍정적으로 작용하기도 하고, 부정적으로 작용하기도 한다. 이 우연히 발생한 일이 진로에 긍정적으로 작용하는 경우가 '계획된 우연'이다.

자이자 촉진자, 삶의 모델이자 상담자의 역할 등을 감당하는 조력자의 역할을 감당하고 있다. 국내 청소년 갭이어의 경우, 일방적인 강의학습에서 벗어나 자기주도학습을 포함하고 있다. 이진욱(2010)의 연구에 의하면 자기주도학습을 위해 교사는 반드시 필요하며 '소통의 촉진자', '자기성찰로의 안내자', '기다려주는 조력자'의 역할이 필요하다. 각각의 청소년 갭이어는 특별과목의 강사를 제외하고 오디세이학교의 길잡이 교사, 꿈틀리인생학교의 모둠별 교사, 꽃다운친구들의 교사와 동행 교사가 이러한 일을 담당하고 있다.

이처럼 국내 청소년 갭이어는 ① '쉼'을 통한 자기주도성 확립, ② 프로젝트와 경험 중심의 학습, ③ 안내자, 촉진자, 조력자로서의 교사의 역할이 특징이라고 볼 수 있다.

꽃다운친구들의 청소년들은 다른 청소년 갭이어보다 '방학', 즉 '쉼'을 강조하고 있다. 그리고 이러한 '쉼'을 통하여 자신을 탐구하고, 세상으로 눈을 돌려 봉사하며, 여행의 유희를 누리고, 관계를 재정립하면서 아리스토텔레스가 말하는 일과 노동의 자리로 복귀할 힘을 얻게 된다. 또한 꽃다운친구들은 전일제 학교가 아닌 주 2회 모임인 점, 오디세이학교, 꿈틀리인생학교와 같이 학교위탁모델이 아닌 가정과 학교 혼합모델이며 '가족중심 공동체'를 지향한다는 점에서 차이가 있다.

국내 청소년 갭이어는, 휴식을 넘어 인간에게 행복을 가져다주는 '여가'에서 출발한 '학교'가 그 뜻을 회복하는 장소로서 의미가 있고, 학생들이 중심이 되는 프로젝트 학습을 통해 자기 주도성과 주체성을 기르고 나아가 진로 및 전 생애에 긍정적인 영향을 끼치는 곳으로 중요한 의의가 있다.

앞으로 '청소년의 쉼을 추구하는 모임'들이 사회 곳곳에 긍정적 영향을 미쳐서 우리나라의 청소년들이 진정한 행복을 누리고 나아가 전 국민이 행복한 나라가 될 수 있길 기대해본다. 또한 국내 청소년 갭이어 운동이 참여하는 청소년들에게 1년의 쉼에서 인생에 대한 바른 방향을 설정하고, 주체적으로 성장하는 밑거름이 되길 바란다.

3. 국내외 사례가 <꽃다운친구들>에게 주는 시사점

지금까지 청소년 갭이어 운동과 관련한 외국사례로 아일랜드의 전환학년제, 덴마크의 에프터스콜레를 살펴보았고, 국내사례로 오디세이학교, 꿈틀리인생학교, 꽃다운친구들에 대해 알아보았다. 그리고 국내외 사례를 통하여 도입연도, 지원자격, 기간 등으로 꽃다운친구들과 비교하며 국내 청소년 갭이어의 특징도 3가지로 나열하였다. 다음에서는 국내외 사례들이 <꽃다운친구들>에게 주는 시사점에 대해서 알아보고자 한다.

첫째, 국내외 사례를 통해 살펴본 바, 이러한 청소년 갭이어의 교육적 효과들이 다방면에서 검증되고 있으므로 꽃다운친구들은 행복하지 못한 한국의 청소년들의 '쉼'을 위하여 필요한 프로그램이자, 운동이라 할 수 있다. 우리나라 현실과 비슷한 상황에서 아이들의 숨통을 틔워 주기 위하여 도입한 아일랜드의 전환학년제는 현재 많은 학생들이 참여하고 있으며, 도전정신 및 자기주도학습 능력이 길러지고, 성적도 향상되는 결과를 보였다. 또한 행복지수가 굉장히 높은 덴마크의 에프터스콜

청소년 갭이어,
나답게 성장하는 1년의 쉼

레도 160년이 넘는 역사 가운데 좋은 성과를 거두었으며 학업뿐 아니라 다양한 영역에서 개인 역량을 쌓을 수 있었다.

또한 국내 사례에서도 오디세이학교, 꿈틀리인생학교, 꽃다운친구들에 참여한 청소년들이 자기 자신에 대해서 충분히 생각하고, 내면이 성장하고 변화된 모습을 볼 수 있었다. 한국의 청소년들은 고등학교 '입시'에 직면하는 순간, 자신을 잃어버리고 살아가는 경우가 많은데 자아정체감을 형성할 이 시기에 1년의 '쉼'은 이를 보완하는 데 중요한 역할을 할 수 있다.

그리고 국내외 사례들의 공통점 중 하나로 '경험'과 '체험' 중심의 학습, 능동성과 주도성을 포함한 '자기주도성'의 확립을 들 수 있는데 청소년기의 이러한 경험은 여러 학자에 의해서 그 중요성을 확인할 수 있다. 듀이(Dewey)에 따르면, 경험은 행함과 겪음(doing and undergoing)으로 이해할 수 있으며, 이 경험은 미래를 변화시키는 반성적 지성(reflective intelligence)의 핵심이 된다. 그리고 반성적 지성은 경험에 다시 반영되어 경험을 풍부하고 신뢰할 만한 것으로 형성하도록 돕는다(장원석, 2011). 크롬볼츠는(Krumboltz)도 사회학습이론(Mitchell & Krumboltz, 1996)을 통해 경험이 진로의 기반이 되는 자기관찰 일반화와 세계관 일반화를 촉진한다고 보았다. 또한 매슬로우(Maslow)는 자아, 성장 가능성, 행동에 대한 책임, 사회 진보에 미치는 영향 등이 교육의 중요한 토대가 된다고 보았다. 청소년들은 자기 삶에 대한 주도성을 가지고 주어진 것들에 대한 '자기 관리'(self direction)를 통해 타자의 통제에서 독립적인 주체가 되어 자각을 통한 자율성을 획득하게 된다.

이처럼 꽃다운친구들과 유사한 청소년 갭이어의 교육적 효과는 국내외 사례뿐 아니라 여러 학자에 의해서도 검증되어 왔다. 따라서 1년간의 '방학'을 통하여 자신의 삶을 충분히 성찰하고, 주체적인 인격체로 성장하도록 돕는 일은 중요하다.

둘째, 지금까지 국가 차원에서 운영하는 전환학년제와 오디세이학교, 시민단체 및 공동체의 필요로 개인의 선택을 통해 모임을 주관하는 에프터스콜레, 꿈틀리인생학교, 꽃다운친구들 등을 살펴보았다. 국가 차원의 여러 시도들도 있지만, 민간 차원에서 다양한 청소년 갭이어가 활성화되고 있다는 것은, 이 운동들이 교육의 본래의 목적을 회복하기 위한 공동체들의 '자발적인 운동'이라는 점에서 의미가 있다. 특히 덴마크의 에프터스콜레는 국가 주도로 시작되어 운영되지 않았음에도 불구하고 참여율이 높다. 시민으로부터 출발하여 세계사적으로 보기 힘든 역사를 가진 학교로서 에프터스콜레는 한국의 청소년 갭이어에 많은 영향을 끼치고 있다.

덴마크의 프리스쿨이나 에프터스콜레는 의무교육이 가정 공동체에 개입하여 부모의 권리를 제한하는 것에 대해 반대하여 교육에 대한 국가의 독점을 거절한 부모와 교사가 독자적 교육기관을 설립, 운영한 것으로부터 시작되었다. 그리고 국가로부터 재정지원을 받지만 학교의 일상과 문화를 자체적으로 조직할 자율성과 자유를 보장받는다(송순재, 2010). 이러한 개혁교육운동과 시민교육운동은 세계교육사 가운데도 의미 있는 것으로서 앞으로 한국의 청소년 갭이어가 나아갈 방향에 대해서도 시사점을 제시한다. 무엇보다 시민의 자발성을 통하여 시작된 운동은 국가 주도의 교육개혁과 다른 힘이 있으며, 각각의 청소년 갭이

청소년 갭이어,
        나답게 성장하는 1년의 쉼

어가 다양한 특색에 따라 교육할 수 있는 자유를 동반하기 때문이다.

셋째, 꽃다운친구들은 다른 어떤 운동보다도 가족이 강조된 '가족 동행 프로그램'이라는 점에서 의의가 있다. '가족'은 청소년의 긍정적 발달에 중요한 영향을 주는데 꽃다운친구들은 기존의 학교 중심 모델이 아닌 청소년의 '쉼'을 위한 가족 중심의 독특하고 유일한 모델로서 의미가 있는 것이다. 또한 부모가 자녀를 학교에 보내지 않으면서, 자녀들이 자신의 관심을 추구하기 위해서 필요한 것들을 스스로 배우는 언스쿨링과도 유사하다.

우리나라의 학업 중단자는 지속적으로 증가하다 2011년부터 줄어들었지만 2015년을 기점으로 다시 증가하고 있다. 2018년 교육부 통계 자료에 따르면, 초등학교 학업 중단자는 16,422명, 중학교 학업 중단자는 9,129명, 고등학교 학업 중단자는 24,506명이었다.[7] 이에 반해 대안교육에 참여 중인 학생은 총 3,072명으로 학업 중단자에 비해 대안교육기관에서 공부하는 학생 수는 이에 못 미친다. 제도적 대안만으로 학업 중단자들을 구제하기는 힘든 것이다.

우리나라의 현실에서 청소년 시기에 부모와의 관계를 바르게 정립하기란 참 어렵다. 그러나 의식 있는 부모와 교사를 주축으로 한 자발적인 꽃다운친구들은 부모와의 올바른 관계 뿐 아니라 청소년의 건강한 성장에도 도움을 준다. 또한 이러한 운동은 지속적인 청소년 학업 중단

---

7) 2020년 교육부 통계 자료에 따르면, 초등학교 학업 중단자는 18,366명, 중학교 학업 중단자는 10,001명, 고등학교 학업 중단자는 23,894명으로 초등학교와 중학교 학업중단자는 증가하였으며, 고등학교 학업중단자는 소폭 감소했다.

자의 증가에 따른 한국의 현실에 희망적이라 볼 수 있다.

청소년의 건강한 성장과 발달에 '가족'의 역할은 연구에서도 나타난다. 테카스와 러너(Thekas & Lerner, 2006)의 생태학적 자산과 청소년의 긍정적 발달에 대한 관련성 연구에서 청소년의 긍정적 발달을 이루고 있는 것은 가족과 함께하는 활동, 학교에서의 접근성, 지역사회의 인적자원이라고 밝혔다. 무엇보다 가장 영향력 있는 자산은 '가족이 함께 저녁 식사를 먹고 있다'였다(손세영, 2010).

또한 꽃다운친구들은 대안교육 중 하나로 서덕희(2006)에 따르면 '탈학교형'으로 분류할 수 있다. '탈학교형'은 학교로부터 적극적으로 벗어난다는 뜻으로 시공간의 얽매임 없이 가르침과 배움을 통해 관계를 맺고 활동을 해 나가는 대안교육 유형이다. 탈학교는 다시 '홈스쿨링', '언스쿨링', '아웃스쿨링'으로 구체화될 수 있다.[8] 미국 홈스쿨링의 실천가인 홀트(Holt)는 '언스쿨링'(unschooling)이라는 용어를 사용하면서 언스쿨링이란 부모가 자녀를 학교에 보내지 않으면서, 집에서도 학교에서와 같은 교육을 행하지 않는 것이라 정의하였다. 언스쿨링은 확정된 교육과정이나 교육의 목적, 혹은 교육의 과제나 평가도 없이 자녀들이

---

8) 서덕희(2006)에 의하면 대안교육을 '학교형', '센터형', '프로그램형', '탈학교형'의 4가지로 분류하였다. '학교형'은 제도적 인가 여부를 떠나 학교와 유사한 형태를 지닌 것으로 특성화고등학교, 대안학교 등이 이에 속한다. '센터형'이나 '프로젝트형'은 소모임이라는 특정 활동을 중심으로 시간과 관계가 구성되는 대안교육을 의미한다. 어떤 내용의 활동을 하느냐에 따라 시간과 관계 방식이 조성되는 유형이다. 그리고 '홈스쿨링'은 자녀를 학교에 보내지 않고 부모가 직접 교육자가 되어 가정에서 아이들을 가르치는 것이라면, '아웃스쿨링'은 '세상을 학교 삼는'이라는 의미로서 배움이 학교 밖의 삶에 존재한다는 의미를 담고 있다.

자신의 관심을 추구하고 관심을 추구하기 위해서 필요한 것들을 스스로 배우는 것을 의미한다.

따라서 꽃다운친구들은 궁극적으로 기존의 학교식 교육의 패러다임을 뒤집는 하나의 언스쿨링 교육으로 이해될 수 있다. 기독교 언스쿨링을 제안하는 테리 브라운(Teri Brown)과 엘리사 월(Elissa wahl)은 언스쿨링은 가장 즐거운 자녀 양육법이라고 소개한다. 그들은 언스쿨링을 통해 살아있는 활동을 가족이 함께 즐기고, 이론적 과목이 아닌 삶의 경험들을 해 나간 자신들의 이야기를 책에 담고 있다. 언스쿨링을 통해 가족들과 엄청난 일을 하는 것이 아니라 주변의 도서관을 여행하고, 함께 요리하고, 가족신문(사촌 연대기)을 만들고, 자원봉사를 하고, 정원을 가꾸며 의도하지 않은 삶의 교육이 일어남을 이야기한다(Brown & Elissa wahl, 2003, 2006). 또한 피터 그레이(Peter Gray)는 언스쿨링이 아이의 행복, 자존감과 가족의 유대감에 긍정적 효과를 준다고 이야기한다(Peter O. Gray, 2013, 2015).

이와 같이, 꽃다운친구들은 청소년기에 중요한 자산으로 '가족'과 동행하는 것을 강조하며, 탈학교로서 언스쿨링과 유사한 활동 중 하나로 청소년의 부모와의 연계를 통해 가정 공동체가 회복되는 교육을 지향한다는 점에서 강점이 있다. 아이들은 성장할수록 스스로가 부모를 신뢰하여 자발적으로 부모에게 권위를 부여하게 된다. 이때, 부모와의 시간을 보낼수록 부모의 영향력은 커지고, 아이들은 부모와의 관계 안에서 인생을 배우며, 인간관계를 위한 밑거름을 다질 수 있다(Ted Tripp, 1995, 2016). 이처럼 꽃다운친구들은 1년의 방학 동안 부모와 긴밀한 시간을 통하여, 부모와의 관계를 회복하며, 건강한 성장을 위한 발판을 마련하는 시간을 보낼 수 있다.

지금까지 국내외 청소년 갭이어를 통하여 〈꽃다운친구들〉에게 주는 시사점에 대해서 살펴보았다. 본 연구에서 국내 사례의 성과 및 결과의 일부는 모든 참여자의 인터뷰를 토대로 분석하지 못하였고, 해외 사례에서는 문헌연구 중심으로 정리하였으므로 한계를 가지고 있다. 그러나 국내외 사례를 통해 본 바와 같이, 꽃다운친구들의 필요성은 분명하다. 꽃다운친구들은 청소년의 건강한 성장을 위해 필요한 운동이고, 자발적인 운동으로서 의의를 가지고 있으며, '가족 동행 프로그램'이라는 측면에서 유일한 프로그램이다. 특히 꽃다운친구들의 부모들은 서로 소통하면서 함께 양육공동체를 만들어가고, 나아가 새로운 공동체를 형성하게 됨으로 가정공동체들이 건강하게 세워져 가는 길을 마련하도록 돕게 된다. 그리고 졸업 후에도 긴밀하게 연결되는 꽃다운친구들의 가정은 지속적인 네트워크 형성으로 사회적 교육 운동으로서의 대안도 보여 주게 될 것이다.

참고문헌

교육부(2016. 12. 6.). "OECD, 학업성취도 국제 비교 연구(PISA 2015) 결과 발표" 보도자료.

교육부·한국교육개발원(2016. 1. 21.). "2015년도 자유학기제 운영 만족도조사 결과 발표" 보도자료.

김나라, 최지원(2014). 해외사례 분석을 통한 자유학기제 운영 방향과 과제. **진로교육연구**, 27(3), 199－223.

김정희, 주동범, 정일환, 정진철, 권동택, 최창범, 이현민(2017). 영미일 대학 갭이어 사례 및 시사점 분석. **비교교육연구**, 27(4), 155-186.

나윤경(2016). 오디세이학교 : 민관협력 교육의 성과와 함의. **교육인류학연구**, 19(3), 39-65.

박새롬(2016). **능동적 시민성에 미치는 사회과 프로젝트 학습의 효과.** 서울대학교 박사학위 논문.

서덕희(2006). **홈스쿨링을 만나다 : 교육의 오래된 미래 홈스쿨링의 가능성과 한계에 관한 참여관찰 연구.** 서울 : 민들레.

손세영(2015). **청소년 발달자산이 학교적응에 미치는 영향-KCYPS 자료를 중심으로.** 공주대학교대학원 박사학위논문.

송대현(2014). 아리스토텔레스의 정치학 7-8권에서 여가 개념. **서양고전학연구**, 53(2), 123-164.

송순재(2010). 덴마크의 자유교육-자유학교, 자유중등학교, 시민대학을 중심으로. **신학과 세계**, 69, 357-410.

송순재, 고병헌, 카를 크리스티안 에기디우스(2011). **위대한 평민을 기르는 덴마크 자유교육.** 서울 : 민들레.

양소영(2014). **꿈의 수업 자유학기제, 아일랜드에서 찾다.** 서울 : 미디어숲.

염유식·김경미·이승원·김수미(2017). **어린이 청소년 행복지수 국제비교연구조사결과보고서.** 한국방정환재단.

오연호(2018). **우리도 사랑할 수 있을까.** 서울 : 오마이북.

유한구·김영식(2015). PISA 및 PIAAC을 **이용한 교육성과 비교와 정책과제.** 한국직업능력개발원.

이진욱(2010). **자기주도학습을 위한 교사의 역할에 관한 문화기술연구.** 성균관대학교 일반대학원 박사학위논문.

장원석(2011). 경험주의의 세 가지 양태 : 최한기, 듀이, **화이트헤드. 화이트헤드 연구,** 23. 43-67.

정병오(2017). 오디세이학교에서는 무엇을 어떻게 배우나요?, **서울교육, 특별기획 운영사례226. 봄호,** Retrieved from http://webzine-serii.re.kr.

정병오, 김경옥(2019). **다녀왔습니다, 오디세이학교.** 서울 : 민들레.

정진철, 김나라, 최지원(2013). 인본주의 교육철학 관점에서 본 체험중심 진로교육으로서의 아일랜드 전환학년제와 영국 갭이어에 대한 내러티브 탐구. **농업교육과 인적자원개발,** 45(3). 85-124.

Brown. Teri(2006). **우리의 자녀 학교 보내지 말라.** 임종원 역. 서울 : 디씨티와이.

Gray. Peter(2015). **언스쿨링.** 황기우 역. 서울 : 박영 스토리.

Josef Pieper(2011). **여가와 경신.** 김진태 역. 가톨릭대학교출판부.

Tedd Tripp(2016). **마음을 다루면 자녀의 미래가 달라진다.** 조경애, 조남민 역, 서울 : 디모데.

현병호(2016). 길찾기를 도와주는 학교, 덴마크 에프터스콜레. **행복한 교육 2월호.** Retrieved from http://happyedu.moe.go.kr.

"고교자유학년제 '오디세이학교', 성과는?",
　　　http://www.tbs.seoul.kr/news/bunya.do?method=daum_
　　　html2&typ_800=R&seq_800=10199626.

"꿈틀리에서 보낸 1년, 당신의 인생이 달라집니다",
　　　http://www.ohmynews.com/NWS_Web/View/at_pg.aspx?
　　　CNTN_CD=A0002404523.

"'꿈틀리'에서 보낸 2년, 교사도 학생도 자랐다",
　　　http://www.ohmynews.com/NWS_Web/View/at_pg.aspx?
　　　CNTN_CD=A0002402233.

"꿈틀리인생학교 홈페이지", http://ggumtle.com/school/info.

"꿈틀리인생학교 블로그", https://ggumtlefterskole.blog.me/.

"꽃다운친구들 블로그", http://www.kochin.kr/120?category=
　　　166532.

"꽃다운친구들 소개 PPT",
　　　https://www.slideshare.net/kochinkorea/introduction-
　　　of-kochin-66989938.

"대안교육 참여학생", 교육통계서비스 자료,
　　　http://kess.kedi.re.kr/post/6662598?itemCode=03&me
　　　nuId=m_02_03_03.

"덴마크 프리스쿨 홈페이지", https://www.friskoler.dk

"에프터스콜레로 여는 새로운 마을 - 우경윤 쌤, 사람이우주다팟캐스트",
　　　https://player.fm/series/maeuljirihag-uridongne-
　　　gyeonmunrog/ep-14hoe-aepeuteoseukolrero-
　　　yeoneun-saeroun-maeul-ugyeongyun-ssaem.

"세계행복지수홈페이지", http://worldhappiness.report/.

"아일랜드 교육체계 재구성", Retrieved from http://www.education.
　　　ie/en/The-Education-System.

"오디세이학교 블로그", https://blog.naver.com/sen_odyssey.

"초중고 학업중단자", 교육통계서비스 자료,

      http://kess.kedi.re.kr/stats/school?menuCd=0101&cd=

      4113&survSeq=2018&itemCode=01&menuId=m_010104&

      uppCd1=010104&uppCd2=010104&flag=A.

"꽃다운친구들 교사 인터뷰", 2017. 9. 22.

<꽃다운친구들> 참여

2

청소년, 부모, 교사의 교육의식

저는 개인적으로 무언가를, 새로운 거 접하거나 해 보거나 스스로 할 수 있는 일 찾아보거나

그런 걸 할 수 있게 된 게 큰 변화라고 생각합니다. 학교 다닐 때는 학교 갔다오고 학원 가고,

숙제하고 틀에 박힌 생활을 했었는데. 꽃친 하면서 자기주도적 활동을 많이 하다 보니깐

새로운 거 접하는 데 거부감 없어지고,

그냥 해 보지 뭐….

<꽃다운친구들> 청소년G

02
<꽃다운친구들> 참여 청소년, 부모, 교사의 교육의식

들어가는 말

첫 번째 장에서 우리는 국내외 청소년 갭이어 운동에 대해 살펴보고, <꽃다운친구들>이 그런 흐름에서 어떤 위치를 차지하고 있는지에 대해 살펴보았다. 이번 장에서는 꽃다운친구들의 구성원들이 어떤 생각을 가지고 있는지, 설문과 면담 결과를 통해 살펴보고자 한다.

꽃다운친구들에 참여하고 있는 청소년, 부모, 교사들의 교육의식에 대해 알아보기 위해, 2017년 6월부터 2020년 12월까지 진행된 꽃다운친구들 종단 연구 과정 중에, 2차례의 설문조사와 15차례의 참여관찰, 그리고 (3장에서 다룰 생애사 개인 면담을 제외한) 9차례의 집단면담을 실시하였다. 이 결과들은 꽃다운친구들의 설립목적과 운영방식, 교육과정과 구성원들의 의식을 잘 드러내 줄 것이다.

[표 2-1] 1, 2차 〈꽃다운친구들〉 부모, 청소년 교육의식 설문조사

구분	기간	대상	응답 인원
1차	2018.06	1-3기 부모	40명
		1-3기 청소년	28명
2차	2020.08	1-4기 부모	45명
		1-4기 청소년	30명

　　이번 장에서는 특히 2차 의식조사 결과를 중심으로, 1차 의식조사
와 비교하면서, 꽃다운친구들(이하 〈꽃친〉)에 대한 궁금증 15가지를 해
소해 보고자 한다. 필요한 부분에서는 면담 자료들을 활용하여 설문조
사의 데이터를 보완해서 설명할 것이다.

청소년 갭이어,
　　　나답게 성장하는 1년의 쉼

<꽃다운친구들>에 대한 15가지 질문

1. 꽃친 부모들, 그들은 누구인가?
2. 꽃친 선택, 누가 가장 결정적인 영향을 끼쳤나?
3. 꽃친 정보를 최초로 접하게 된 경로는?
4. 꽃친, 그들은 어디서 와서, 어디로 가는가? (교육형태의 변화)
5. 꽃친 '하게 된 이유', '실제로 강조하는 것', '실제로 도움이 되었던 것'?
6. 꽃친을 통해 새롭게 발견된 유익?
7. 꽃친 선택의 장애물?
8. 꽃친 모임이 없는 5일은 어떻게 보내는가?
9. 꽃친 모임 활동(자/봉/여/관)은 학생들의 성장에 얼마나 기여했는가?
10. 꽃친 모임 활동 중 가장 즐겁고 유익했던 프로그램은?
11. 꽃친 부모 모임에 대하여?
12. 꽃친 전체 만족도?
13. 꽃친은 나에게 어떤 의미인가?
14. 꽃친 1년의 가장 큰 변화는? (서술형)
15. 꽃친의 아쉬운 점, 또는 제안할 점은? (서술형)

1. <꽃다운친구들> 부모들, 그들은 누구인가?

우리가 첫 번째로 궁금한 것은 청소년 시기의 1년의 쉼을 선택하는 부모들은 어떤 분들인가 하는 것이었다. 그들의 '성별', '최종학력', '참여 기수', '월평균 가구 총소득', '거주지역', '우리나라 교육에 대한 생각', '우리나라 교육의 가장 큰 문제점', '한국교육이 변화하기 위해서 우선적으로 바뀌어야 하는 것' 등에 대해 물었다.

    응답자의 최종학력은 '대학교 졸업'(55.6%)이 가장 많고, '대학원(석사) 졸업'(37.8%)이 그다음으로 많았다. '월 평균 총 소득'은 400~600만 원(33.3%)이 가장 많고, 600~800만 원(28.9%), 200~400만 원(24.4%)이 그다음으로 많았다. 이와 같은 결과는 꽃친이 아주 고학력층이거나, 고소득층만 하는 프로그램이 아니라는 것을 말해 준다. 실제로 꽃친의 월 활동비용은 하나의 학원을 보내는 정도의 비용으로, 대안학교에 비해 재정적 문턱이 낮은 편이다.

[표 2-2] 성별

	1차 조사		2차 조사	
	빈도	퍼센트	빈도	퍼센트
남자	17	42.5	21	46.7
여자	23	57.5	24	53.3
합계	40	100.0	45	100.0

[표 2-3] 〈꽃친〉 참여한 자녀의 기수

	빈도	퍼센트
1기	15	33.3
2기	10	22.2
3기	12	26.7
4기	13	28.9
합계	45	100.0

[표 2-4] 최종 학력

	1차 조사		2차 조사	
	빈도	퍼센트	빈도	퍼센트
고졸이하	2	5.0	1	2.2
대학교 졸업	23	57.5	25	55.6
대학원(석사) 졸업	14	35.0	17	37.8
대학원(박사) 졸업 이상	1	2.5	2	4.4
	40	100.0	45	100.0

[표 2-5] 한 달 평균 총소득

	1차 조사		2차 조사	
	빈도	퍼센트	빈도	퍼센트
200만 원 미만	0	0.0	0	0.0
200만 원 이상- 400만 원 미만	11	27.5	11	24.4
400만 원 이상- 600만 원 미만	12	30.0	15	33.3
600만 원 이상- 800만 원 미만	9	22.5	13	28.9
800만 원 이상- 1,000만 원 미만	4	10.0	3	6.7
1,000만 원 이상	4	10.0	3	6.7
합계	40	100.0	45	100.0

'꽃친 당시 거주지역'은 1차 설문 때 '서울' 거주가 42.5%고, '경기' 거주가 52.5%였는데 비해, 2차 설문에서는 '서울' 거주가 28.9%, '경기' 거주가 71.1%로 나타났다. 이는 4기 참여자들의 거주지에 경기 비중이 높아졌다고 볼 수 있으며, 참여자들의 경기 거주 비율이 높아졌다는 것은 학생들의 이동 동선이 길어졌음을 의미한다.

1~3기의 꽃친은 단독으로 사용하는 모임 공간은 없었으며, 사교육 걱정없는세상(용산구), 백주년기념교회 별관(마포구), 높은뜻광성교회 (마포구), EDM유학센터(종로구, 강남구) 등과 협력하여 장소를 빌려 모임을 진행하였다. 특히 1, 2기 때는 경기도에서 모임 장소로 오는 청소년들의 이동 거리를 고려하여 강남과 마포를 거점으로 하여 모임을 한 번씩 번갈아 진행하기도 하였다. 이후, 2019년 4기부터는 서대문구 신촌에 있는 '꽃친 놀이터'라는 모임 공간이 확보되었는데, 자체 공간이 확보된 이후에는 주 2회 모임을 제외한 시간에도 청소년들이 꽃친 놀이

터에서 보내는 시간이 확대되는 등 적극적으로 장소가 활용되고 있다. 지금은 마포구 서교동 쪽으로 장소를 이전하였다.

[표 2-6] 꽃친 당시 거주 지역

	1차 조사		2차 조사	
	빈도	퍼센트	빈도	퍼센트
서울	17	42.5	13	28.9
경기(인천포함)	21	52.5	32	71.1
기타	2	5.0	0	0.0
합계	40	100.0	45	100.0

꽃친 부모들의 교육 의식에 대한 설문에서는, 꽃친 부모들은 우리나라 교육에 대해 '희망과 절망이 공존한다'(64.4%)라고 생각하고 있었는데, 2017년 기독교학교교육연구소에서 실시한 기독학부모 설문과 비교해 볼 때, '절망적이다'(33.3%)라고 느끼는 부모의 비율이 상대적으로 더 높은 것을 확인할 수 있다. 현재 우리나라 교육에 대한 '절망감'이 좀 더 높을 때, 그 대척점에 서 있는 〈꽃친〉의 교육에 관심을 가지게 되는 것으로 판단된다.

2기 꽃친 설명회에서 강연자로 나섰던 임종화 당시 좋은교사운동 대표가 했던 말을 빌리자면, '우리 교육이 (현재의 행복과 미래의 행복 사이, 또한 학업과 쉼 사이의) 균형과 항상성이 깨어졌다'는 것을 다른 이들보다 좀 더 예민하게 느끼고, 그것을 바로잡으려고 하는 이들이 꽃친 부모들이라는 것이다.

[표 2-7] 우리나라 교육에 대한 생각

	1차 조사		2차 조사		기독학부모 설문 (2017년)	
	빈도	퍼센트	빈도	퍼센트	빈도	퍼센트
희망적이다	0	0.0	0	0.0	15	6.2
절망적이다	14	35.0	15	33.3	50	20.7
희망과 절망이 공존한다	25	62.5	29	64.4	148	61.2
희망도 절망도 아니다	1	2.5	1	2.2	29	12.0
합계	40	100.0	45	100.0	242	100.0

이들이 지적한 우리나라 교육의 가장 큰 문제점(2개 선택)은 '입시
과열'(77.8%), '사교육'(35.6%), '인성교육의 부재'(31.1%)였다. '**입시
과열'이 '사교육 소비'를 과다하게 만들고, 그러면서 아이들의 '인성교
육'이 제대로 되지 않는 것이 문제**라는 것이다. 불안한 마음으로 학원
을 전전하면서 '입시 경주마'로 길러져서, 자신을 돌아보지 못하고 자기
를 잃어가고 있는 우리 아이들에게, 1년의 '탈 목적', '비 효율'의 쉼과 여
백을 제공하자는 것이 꽃친의 목적이라는 점에서 의미 있는 응답이라고
볼 수 있다.

1, 2차 조사에서 모두 '인성교육의 부재'에 대한 응답이, 일반 부모
들의 설문보다 높다는 것이 눈에 띄며, 1차 조사에서는 '가정교육의 부
재'가 상당히 높은 순위(공동 3위)에 있었던 것에 비해, 2차에서는 그
비율이 낮아진 것도 특이점이다. 어쨌든 꽃친 부모들은 상대적으로 '**인
성교육'에 대한 관심이 높고, '가정교육'의 필요성에도 상당히 공감하고
있는 것으로 나타났다.**

[표 2-8] 우리나라 교육의 문제점 (복수응답 : 두 가지 선택)

	1차 조사		2차 조사		기독학부모 설문 (2017년)	
	빈도	퍼센트	빈도	퍼센트	빈도	퍼센트
교육 정책의 잦은 변화	9	22.5	6	13.3	91	19.4
사교육	9	22.5	16	35.6	87	18.6
입시 과열	27	67.5	35	77.8	124	26.5
학교 폭력	1	2.5	1	2.2	8	1.7
조기 유학	0	0.0	0	0.0	1	0.2
인성교육의 부재	15	37.5	14	31.1	92	19.7
학교 서열화	7	10.5	7	15.6	13	2.8
가정교육의 부재	9	22.5	6	13.3	36	7.7
교사의 자질 부족	3	5.0	1	2.2	10	2.1
기타	0	0.0	1	2.2	6	1.3
합계	40	100.0	45	100.0	468	100.0

'한국교육이 변하기 위해서 우선적으로 바뀌어야 하는 것은 무엇인가'라는 질문에서는, 1차와 마찬가지로 2차에서도 **'사회 구조'(42.2%)에 응답한 부모들이 가장 많았다.** 2017년 기독학부모들의 설문에서는 '국가의 교육정책'이 바뀌어야 한다고 응답한 이들이 가장 많았고, '사회 구조'는 상대적으로 좀 낮았던 것과는 다른 결과이다. 이는 일반적인 학부모 설문에 비해, 꽃친 부모들은 좀 더 적극적인 사회 구조의 변화를 기대하는 부모들이 많이 있다는 것을 보여 준다.

[표 2-9] 한국교육이 변화하기 위해 우선적으로 바뀌어야 하는 것

	1차 조사		2차 조사		기독학부모 설문 (2017년)	
	빈도	퍼센트	빈도	퍼센트	빈도	퍼센트
국가의 교육 정책	13	32.5	13	28.9	91	39.2
학교의 정책	0	0.0	0	0.0	16	6.9
교사의 열정	0	0.0	0	0.0		
부모의 가치관	12	30.0	13	28.9	67	28.9
사회 구조	15	37.5	19	42.2	58	25.0
합계	40	100.0	45	100.0	232	100.0

2. <꽃다운친구들> 선택, 누가 가장 결정적인 영향을 끼쳤나?

꽃친을 선택하는 데 영향을 끼친 주체들의 영향력의 합을 100이라고 할 때, 각 주체의 비율이 어떠한지에 대해 1차 설문에서 물었다.

부모 응답의 평균은, 학생 본인이 46.9%, 부모가 46.0%, 지인 추천이 6.4%, 기타가 0.7%였다. 응답 중에 선택 주체로 1) 학생 본인이 제일 높은 경우(50% 이상)가 13명(32.5%), 2) 부모의 영향이 제일 높은 경우(50% 이상)가 9명(22.5%), 3) 학생-부모가 50:50이었다는 응답이 10명(25%), 4) 기타 지인의 영향이 높은 경우(부모, 자녀가 다 50% 미만이고, 지인이 20% 이상의 영향을 준 경우)가 8명(20%)이었다.

자녀 응답의 평균은 학생 본인 54.3%, 부모 38.6%, 지인 5.4%, 기타 1.7%였다. 부모 응답이 학생 본인이 46.9%, 부모가 46.0%, 지인 추천이 7.1%인 것과 비교했을 때, **학생들은 부모들보다 자기 스스로 선택**

했다고 하는 마음이 더 강하게 나타났다고 볼 수 있다. 응답 중에 선택 주체로 1) 학생 본인이 제일 높은 경우(50% 이상)가 15명(53.6%), 2) 부모의 영향이 제일 높은 경우(51% 이상)가 4명(14.3%), 3) 학생-부모가 50:50이었다는 응답이 6명(21.4%), 4) 기타 지인의 영향이 높은 경우(부모, 자녀가 다 50% 미만이고, 지인이 20% 이상의 영향을 준 경우)가 3명(10.7%)이었다.

[표 2-10] 꽃친을 선택하는 데 영향을 끼친
주체들의 영향력의 합을 100%이라고 할 때, 각 주체들의 비율은 어떠한가요?

	부모 평균	청소년 평균
학생본인	46.9	54.3
부모	46.0	38.6
지인	6.4	5.4
기타	0.7	1.7

	부모 평균	청소년 평균
학생 본인이 50% 이상	32.5	53.6
부모가 50% 이상	22.5	14.3
학생:부모가 50:50인 경우	25.0	21.4
부모, 자녀가 다 50% 미만이고, 기타 지인의 영향이 커서 20% 이상인 경우	20.0	10.7

부모 면담에 따르면, 처음 꽃친을 선택하게 된 계기에 비슷한 패턴이 발견되는데, 그것은 부모가 먼저 정보를 발견하고(또는 권면 받고), 그것을 자녀에게 권하고, 자녀는 처음에는 별로 환영하지 않다가, 결국 자신의 결단으로 선택하게 된다는 것이다. 청소년들의 면담에서도 상당

히 많은 친구들이 처음에는 별로 관심이 없었다가, 고민 후에 결국 하게 되었다는 이야기를 하고 있었다. 통계에 따르면 이 과정에서 **부모는 학생과 부모가 비슷한 비율로 의사 결정을 했다고 생각하지만, 청소년들은 결국 자신들이 더 주도적으로 결정했다고 생각하는 것 같다.**

"영우(가명)는 외국에 3년 반 동안 다녀왔어요. 제가 생각할 때 학교 적응 못할 것 같더라고요. 그래서 홈스쿨 1년 하면서 검정고시 봐야겠다고 생각하다가, 페북을 보다가 황 선생님이 링크해 놓은 것을 보게 되었는데, '아! 이거다.' 생각이 들었어요. 우리 남편도, 나도 황 선생님에 대한 기본적인 신뢰가 있으니깐….
영우는 새로운 사람들을 만나는 것에 대한 약간의 두려움이 있었던 것 같아요. 좀 주저했는데, '엄마가 강요하는 건 아냐. 이런 게 있어.' 하고 던져 놓았죠. '알았어요, 생각해 볼게요.' 하고 자기도 찾아보더라구요… 저희는 제공을 하고 아이가 마지막에 최종적으로 결정한 것 같아요."(〈꽃다운친구들〉 부모B)

"제가 들어가는 어느 밴드에 글을 올리셨어요. 블로그 다 찾아서. 황 선생님, 이수진 쌤 글도 읽어보고 해서, '이런 게 있었구나.' 제가 푸시하면 엄마 때문에 그럴 것 같아서, 이런 것도 있다더라 (던져 줬죠.)… 그래도 꽃친하겠다고 본인이 하겠다고 했어요."(〈꽃다운친구들〉 부모C)

"아는 언니의 엄마가 저희 엄마한테 알려 주셨는데, 처음에는 별로 안 하고 싶었는데, 1기 영상을 보니까 재밌어 보여서 한번 해 보는 것도 괜찮겠다 싶어서 했어요. 1기 언니, 오빠들은 자기네들끼리 같이 무언가 많은 걸 했더라구요. 같이 사람도 섭외해서 만나고, 또 같이 곡을 쓰고, 밴드를 하기도 했다고… 친구들이랑 그렇게 같이 하는 게 재밌을 것 같아서 했어요."(〈꽃다운친구들〉 청소년B)

교사들은 동행할 가족을 선정하는 과정에서 **'아이의 자발성'**과 **'부모의 교육 철학 공유'**가 상당히 중요하다는 것을 인식하고 있었다. 그래서 동행 가족을 선택할 때, **아이가 최종적으로 자발적 선택을 하는가를 주의 깊게 보고 있다고 강조했다.**

"상담을 2번 정도 하거든요. 그걸 하면서 아이가 어땠는지, 이 시간이 왜 필요한지 부모님과 아이의 이야기를 들어 보고, 우리 이야기도 들려줬을 때, '좋아요', '할래요', 이런 확답을 받고 하는 건데, 무엇보다 아이의 의지를 중요하게 보죠. 부모님들이 먼저 알고 아이들에게 권유해서 오는 경우가 80~90%니까요."(〈꽃다운친구들〉 교사B)

"내가 생각했던 것과 달랐다고 말하는 애들은 있지만, 내가 원하지 않았는데 왔다는 아이는 아무도 없었어요. 2~3번 확인하고 부모님들 있는 자리에서 물어보고… 그걸 가짜로 대답했다고 하면 어쩔 수 없지만… 자기가 선택했으니 끝까지 책임져야 한다는 것을 주지시키죠."(〈꽃다운친구들〉 교사B)

2차 설문에서 한 가지 특징적인 통계는 청소년들의 '꽃친 경험 나이'인데, 꽃친 참여 나이가 처음에는 중3 마치고, 고1 들어가기 전에 1년의 시간을 별도로 내는 구조였다면, 2기 이후로는 아예 중3 나이에 꽃친을 경험하고, 고1로 돌아가는 아이들이 많아졌다. 응답자의 36.7%가 꽃친 경험 당시 나이가 16세(일반적인 중학교 3학년 학생 나이)였다고 응답했다. 꽃친 교사들을 통해 확인한 결과, 이는 설문 응답자만이 아니라 전체 꽃친 경험자들의 비율과도 유사하다. 이러한 변화가 향후 꽃친에 미치는 영향에 대해서도 고민이 필요할 것으로 생각된다. 전체 응답 수가 30명으로 크지 않아서 통계적으로 아주 유의미하지는 않으나, '꽃친 경험 나이'에 따른 '교사와의 관계 만족도'를 비교 분석해 본 결과, 두 집단 평균 간의 차이가 큰 것으로 나타났다(16세 9.73점, 17세 8.34점). 16세에 경험한 청소년들이 17세에 경험한 청소년들보다 교사와의 관계 만족도가 더 높은 것으로 확인되었다.

[표 2-11] 꽃친 경험 나이

	2차 조사	
	빈도	퍼센트
16세	11	36.7
17세(이상)	19	63.3
합계	30	100.0

[표 2-12] 전체 꽃친 경험 청소년(이하 '꽃치너')들의 성별 및 경험 나이

	남	여	16세	17세	18세
1기	3	8	3	8	0
2기	3	7	4	5	1
3기	5	4	4	5	0
4기	5	5	4	6	0
	16 (40.0%)	24 (60.0%)	15 (37.5%)	24 (60.0%)	1 (2.5%)

[표 2-13] 〈청소년〉 꽃친 경험 나이에 따른 교사와의 관계 만족도 차이 (N=30)

구분		꽃친경험 나이			t(p)
		N	평균(M)	표준편차 (SD)	
교사와의 관계만족도	16세	11	9.73	1.84	3.111(0.005)***
	17세	19	8.34	1.03	

p*<0.1, p**<0.05, p***<0.01

3. <꽃다운친구들> 정보를 최초로 접하게 된 경로는?

부모들을 대상으로 꽃친에 대한 정보를 최초로 접하게 된 경로를 물었다. 1위는 '뉴스, 기사 등의 미디어'(33.3%)였고, 2위는 '꽃친 선생님들'(22.2%), 3위는 '꽃친 경험 가족'(17.8%)이었다.

초창기 참여 부모들은 '꽃친 대표'를 개인적으로 알고 있던 분들이 많았는데, 이제는 '뉴스 등의 미디어'를 통해 알게 되는 이들이 많아지고 있다. '경험한 지인을 통한 홍보'가 가장 확실한 방법이지만, 훨씬 더 많은 사람들에게 정보를 전달하는 방법은 여러 매체를 통한 홍보라는 것을 보여 주는 대목이다. 향후 꽃진 홍보 방식에서 고려해 볼 필요가 있는 수치다.

[표 2-14] 〈부모〉 〈꽃다운친구들〉에 대한 정보를 최초로 접하게 된 경로는?

	빈도	퍼센트
꽃친 선생님들	10	22.2
꽃친 경험 가족	8	17.8
그 외 지인	7	15.6
공식 페이스북, 블로그	5	11.1
뉴스, 기사 등의 미디어	15	33.3
합계	45	100.0

꽃친은 초창기부터 사회적 공감대를 확산하기 위해 노력해 왔다. 청소년 갭이어 운동을 보다 많은 사람들에게 알리기 위해, 기독교학교교육연구소에 3년 종단연구를 의뢰하여 진행하기도 하고, 다큐멘터리

를 제작하여 온라인에 지속적 보완하여 업로드하기도 하였다(유튜브에 '꽃다운친구들'을 검색하면 관련 영상들이 많이 제공되고 있다). 또한 국내외 청소년 갭이어 협의체에 지속적으로 참여하여 연대하기도 하였다. 2019년에는 마침내 꽃친의 이야기를 담은 『학교의 시계가 멈춰도 아이들은 자란다』를 출판하기도 하였다. 꽃친 대표에게 꾸준히 강연 요청이 들어오고 있고, 꽃친을 궁금해하는 청소년 기관이나 지역의 교육청에서도 꽃친에 전화를 하고, 직접 방문하기도 하고 있다.

이런 결과로 언론에 꽃친이 꾸준히 소개되고 있다. 특히 EBS나 CBS 라디오, 한겨레 등 주요 언론들이 꽃친에 대해 긍정적으로 보도해 주었다(2015. 9. 16. "EBS 교육방송", 2016. 10. 1. "민들레 107호", 2018. 10. 9. "한겨레신문", 2018. 10. 10. "CGN 투데이", 2018. 12. 7. "데일리굿뉴스", 2019. 3. 2. "EBS 라디오 행복한 교육세상", 2019. 3. 6. "뉴스앤조이", 2019. 3. 27. "CTS 뉴스", 2019. 3. 29. "복음과상황", 2019. 5. 5. "CBS 라디오 광장", 2021. 2. 18. "국민일보" 등). 이번 2차 실태조사에서 꽃친을 최초로 접하게 경로로 '뉴스, 기사 등의 미디어'가 가장 높은 비율을 차지한 것은 이러한 노력의 결과로 해석할 수 있다.

아직까지 청소년 갭이어를 경험한 청소년들은 극히 드물다. '청소년 갭이어'라는 말조차 알지 못하고, 들어 보지 못한 청소년들이 전국에 많다. 그럼에도 불구하고 꽃친은 꾸준히 사회적 공감대와 네트워크 형성을 하며 노력하고 있고, 조금씩 변화를 만들어가고 있다. 꽃친은 우리나라가 '쉼'을 통하여 서로가 있는 그대로 사랑하며, 행복을 누리는 사회가 될 수 있도록 조금씩 조금씩 세상을 변화시켜 가고 있는 것이다.

4. <꽃다운친구들>, 그들은 어디서 와서, 어디로 가는가? (교육 형태의 변화)

꽃친 참여 전 학교 유형(교육 형태)과 꽃친 참여 후 학교 유형(교육 형태)이 어떻게 변화하는지 궁금하여 꽃친에서 자료를 요청한 결과, 몇 가지 인상적인 부분을 발견할 수 있었다.

첫째, 꽃친을 경험하게 되는 학생의 26.3% 정도가 홈스쿨링을 하고 있었던 아이들이 온다는 것이다. 이것은 어떤 면에서는 최초 꽃친의 창립 목적(입시경쟁 틀 속에서 벗어나 자기만의 삶의 방향과 속도를 찾기)과는 상치되는 면이 있다. 꽃친에 오는 청소년들이 모두 입시경쟁에서 버거워하다가 오는 것만은 아니라는 의미다. 이런 이유 때문인지 2019년에 수정된 꽃친의 미션(Mission)에서는 '입시경쟁'과 관련된 표현이 사라지고, 대신 '청소년 및 그 가족들과 더불어 진정한 쉼을 통해 행복의 본질을 누리는 공동체들을 세워나간다.'라는 표현이 제시되었다.

홈스쿨 경험 후, 꽃친에 참여한 청소년들(전체의 26.3%)의 참여 동기를 살펴본 결과(4기 참여관찰), 좁은 인간관계를 극복하고, 친구 사귀는 방법을 배우기 위해 꽃친에 참여하였다고 언급하였다.

청소년A: 홈스쿨링 하는데 계속 만나는 사람이 너무 똑같아 가지고… 친구 계속 (똑같고), 너무 한정적인 공간 안에서만 자라고 있는 것 같아서. 좀 더 넓은? 사람들 만나려고 왔습니다. (2019. 05. 31. 청소년 면담)

청소년B: (꽃친이 나에게 주는 영향. 변화된 점) 친구를 만나는 목적 (으로) 와서. 친구들과 사귀는데. 배우고 좋은 것 같아요. 친구들 관계성에서 장난치면서 주고 받으면서. 미숙했는데. (웃음) 홈스쿨링 하다 보니깐. 친구 만나는 시간 없어서. 여기서 많이 배웠어요(2019. 11. 09. 꽃친 2차 설명회). 그리고 오게 된 이유는 제가 홈스쿨링을 초등학교 때부터 계속 해 가지고 친구가 많이 없어서 친구 만나려고 왔어요. (2019. 05. 31. 청소년 면담)

둘째, 꽃친을 경험하게 되는 학생들은 일반 공교육(공, 사립 중학교)을 경험하고 온 청소년이 주를 이루고 있지만, 참여 후에 공교육(일반고)으로 돌아가는 비율은 그보다는 줄어든다는 것이다. 일반 중학교를 다니다가 참여한 꽃치녀의 비율이 63.1%이었으나, 참여 후에 일반 고등학교로 가는 비율은 31.5%로 확연히 감소한 결과를 보였다. 상당수가 '대안학교'나 '특성화학교' 같은 학교로 진학하거나, 다시 '홈스쿨링' 혹은 '언스쿨링' 형태로 이후의 시간을 보내는 것으로 파악되었다. (물론 반대로 홈스쿨링이나 대안학교에 있던 학생들이, 꽃친 이후에 공교육으로 진학하는 경우도 있다.) 이는 1년의 쉼이 모두가 가는 길을 꼭 가지는 않아도 된다는 '의연함'을 부모와 학생들에게 주었기 때문으로 보인다.

[표 2-15] 꽃친 경험 전후 학교유형 변화

참여 전				참여 후		
일 반 중	일반중 졸업	19	50.0%	1년의 <꽃다운 친구들> 경험 ⇨	12	31.5%	일반고
	일반중 중퇴	4	10.5%				
	일반고 재학	1	2.6%				
특목/특성화		1	2.6%		5	13.1%	특목/특성화
홈스쿨링		10	26.3%		14	36.8%	홈스쿨링
대안학교		3	7.8%		5	13.1%	대안학교
기타 미정		0	0%		2	5.2%	기타

5. <꽃다운친구들> '하게 된 이유', '실제로 강조하는 것', '실제로 도움이 되었던 것'?

꽃친을 '하게 된 이유'(들어가기 전 참여자들 생각), 꽃친이 '실제로 강조하는 것'(경험하는 동안 꽃친 교사들이 강조했던 것), 꽃친이 '실제로 도움이 되었던 것'(경험 후 참여자 입장에서 평가)을 부모와 청소년에게 각각 물어보고 비교해 보았다.

1차 설문 결과, 부모는 '자신이 어떤 사람인지 이해하는 것'에 대한 기대를 가지고 보내고, 실제로 꽃친은 '학교생활과 공부에서 벗어나 스트레스 없이 쉼을 누리는 것'을 강조하고, 그 쉼이 실제로 도움이 되었다고 응답했다. 반대로 청소년들은 '학교생활과 공부에서 벗어나 스트레스 없이 쉼을 누리는 것'에 대한 기대를 가지고 왔는데, 실제로도 꽃친 교사들이 그것을 강조했고, '실제로 도움이 된 것'은 '자신이 어떤 사람인지 이해하는 것'이라고 응답했다. 꽃친이 강조하는 것은 똑같이 '쉼을 누리는 것'이었는데, 부모는 자녀들이 '자기 이해를 넓히기'를 바랐지만, '쉼을 누리는 것' 자체가 실제로 도움이 되었다고 했고, 청소년들은 '쉼을 누리기'를 바랐는데, 쉬고 나니 '자기 이해가 넓어졌다'고 대답한 것이다. '충분한 쉼의 여백'이 '자기 이해를 넓히는 좋은 토양'이 된 것이다.

2차 설문의 결과는 좀 다르게 나왔다. 2차 설문에서 먼저 부모는 '꽃친을 하게 된 이유', '실제로 강조하는 것', '실제로 도움이 되었던 것' 모두 '자신이 어떤 사람인지 이해하는 것'이라고 응답하였다. '쉼을 누리는 것'이 3가지 모두에서 2위를 기록하고 있어서, **여전히 꽃친은 '쉼'을 강조하는 곳이 틀림없지만, 이번 부모들의 2차 설문 결과는 꽃친에 대한 이해가 '쉼'에서 '자기 성찰'로 상당히 이동했음을 알 수 있다.**

한편, 꽃친에 참여한 청소년들은 '여행과 만남을 통해 다양한 경험을 하는 것'을 기대하고 왔는데(2위는 친구들을 사귀고 사이좋게 지내는 것), 꽃친은 상당히 '쉼을 누리는 것'을 강조했으며, 실제 도움이 되는 것도 '여행과 만남을 통해 다양한 경험을 하는 것'이었다고 응답했다. **2차 설문에 응한 청소년들이 보는 시각에서 꽃친은 '여행과 만남을 통해 다양한 경험을 하고, 좋은 친구들을 사귀는 것'으로 변화한 것을 볼 수 있다.**

이러한 변화는 어떻게 생긴 것일까? 꽃친의 목표가 '쉼'이라는 것은 변함이 없지만, 그 쉼이 실제로 어떤 결과를 가져왔는지를 강조하면서, '자기성찰'(부모)과 '여행과 만남의 기쁨'(청소년)이 더 매력 있게 부각된 것으로 보인다. 부모는 이러한 쉼의 시간이 자녀들에게 '자기성찰'을 가져온다는 것에 대해 의미를 부여하고, 청소년들은 '즐거운 여행과 친밀한 교제'를 긍정적으로 해석한 것으로 보인다.

[표 2-16] 〈부모, 청소년 1-3순위 종합 비교:2차 설문〉

하게 된 주된 이유	부모 응답		청소년 응답	
내가 어떤 사람인지 이해하는 것	86	1위	20	5위
친구들을 사귀고 사이좋게 지내는 것	47	공동2위	42	2위
학교생활, 공부에서 벗어나 스트레스 없이 쉼을 누리는 것	47	공동2위	29	3위
진로 및 학업의 동기와 알맞은 방법을 찾는 것	37	4위	13	6위
관심 있는 분야에 깊게 몰두해 보는 것	6	7위	8	7위
꽃다운친구들만의 색다른 자부심	2	8위	1	8위
여행과 만남을 통해 다양한 경험을 하는 것	34	5위	46	1위

실제로 강조하는 것	부모 응답		청소년 응답	
내가 어떤 사람인지 이해하는 것	89	1위	32	공동2위
친구들을 사귀고 사이좋게 지내는 것	19	5위	15	4위
학교생활, 공부에서 벗어나 스트레스 없이 쉼을 누리는 것	67	2위	61	1위
진로 및 학업의 동기와 알맞은 방법을 찾는 것	32	4위	7	7위
관심 있는 분야에 깊게 몰두해 보는 것	10	공동6위	13	5위
꽃다운친구들만의 색다른 자부심	10	공동6위	17	6위
여행과 만남을 통해 다양한 경험을 하는 것	37	3위	32	공동2위

실제로 도움이 되었던 것	부모 응답		청소년 응답	
내가 어떤 사람인지 이해하는 것	88	1위	27	4위
친구들을 사귀고 사이좋게 지내는 것	44	공동2위	45	2위
학교생활, 공부에서 벗어나 스트레스 없이 쉼을 누리는 것	44	공동2위	34	3위
진로 및 학업의 동기와 알맞은 방법을 찾는 것	30	5위	5	공동5위
관심 있는 분야에 깊게 몰두해 보는 것	14	6위	5	공동5위
꽃다운친구들만의 색다른 자부심	10	7위	5	공동5위
여행과 만남을 통해 다양한 경험을 하는 것	35	4위	55	1위

[표 2-17] 〈부모, 청소년 1-3순위 종합 비교:1차 설문〉

부모 1차 조사						
종합	하게 된 주된 이유		꽃친이 실제로 강조하는 것		실제로 자녀에게 도움이 되었던 것	
자신이 어떤 사람인지 이해하는 것	69	1위	77	2위	51	공동2위
친구들을 사귀고 사이좋게 지내는 것	38	3위	20	3위	51	공동2위
학교생활, 공부에서 벗어나 스트레스 없이 쉼을 누리는 것	53	2위	85	1위	55	1위
진로 및 학업의 동기와 알맞은 방법을 찾는 것	32	5위	9	6위	7	7위
관심 있는 분야에 깊게 몰두해 보는 것	10	6위	16	5위	13	5위
여행과 만남을 통해 다양한 경험을 하는 것	35	4위	19	4위	48	4위

청소년 1차 조사						
종합	하게 된 주된 이유		꽃친이 실제로 강조하는 것		실제로 자녀에게 도움이 되었던 것	
자신이 어떤 사람인지 이해하는 것	26	3위	39	2위	37	1위
친구들을 사귀고 사이좋게 지내는 것	25	4위	22	4위	33	공동3위
학교생활, 공부에서 벗어나 스트레스 없이 쉼을 누리는 것	46	1위	46	1위	34	2위
진로 및 학업의 동기와 알맞은 방법을 찾는 것	20	5위	14	5위	11	6위
관심 있는 분야에 깊게 몰두해 보는 것	5	7위	6	7위	13	5위
여행과 만남을 통해 다양한 경험을 하는 것	34	2위	30	3위	33	공동3위

6. 〈꽃다운친구들〉을 통해 새롭게 발견된 유익?

1차 설문 이후, 생애사 연구에 참여하는 청소년들로부터 '꽃친을 시작할 때는 기대하지 않았던 유익들'도 있었다는 언급을 많이 듣게 되었다. 그래서 2차 설문에서는 면담에서 제기되었던 이야기들을 질문과 보기로 만들어, 신설 질문으로 추가해 보았다.

부모들은 '삶의 주체성 향상'(24.8%)과 '좋은 어른 만나기' (23.2%), '성향이 다른 친구와 잘 지내기'(16.8%)가 새롭게 발견된 유익이었다고 응답했으며, 청소년들은 '좋은 어른 만나기'(24.1%), '성향이 다른 친구와 잘 지내기'(21.7%), 그리고 '쉼과 휴식에 대한 생각 전환'(18.1%)을 새롭게 발견된 유익이었다고 대답했다.

'삶의 주체성 향상', '좋은 어른 만나기', '성향이 다른 친구와 잘 지내기', '쉼과 휴식에 대한 생각 전환' 등은 애초에 기대했던 꽃친의 목표는 아니었는데, 기대치 않았던 유익이었다고 응답한 것이다.

무엇이 그런 변화를 만들어 내었다고 보느냐는 질문에 대해서, 부모들은 '꽃친의 다양한 프로그램', '꽃친 교사들과의 관계', '학업에서 자유로워진 것' 때문에 그런 변화가 생긴 것 같다고 대답했으며, 청소년들은 '여유 시간이 많이 늘어난 것', '꽃친의 다양한 프로그램', '꽃친 친구들과의 관계' 때문에 그러한 변화가 일어났다고 대답했다.

[표 2-18] 꽃친을 참여하면서 실제로 도움이 된 것 외에도
새롭게 발견된 유익은 무엇인가요? (중복 응답)

	부모		청소년	
	빈도	퍼센트	빈도	퍼센트
질문에 대답하는 능력	7	5.6	9	10.8
성향이 다른 친구와 잘 지내기	21	16.8	18	21.7
좋은 어른 만나기	29	23.2	20	24.1
삶의 방향성 전환	11	8.8	7	8.4
삶의 주체성 향상	31	24.8	8	9.6
쉼과 휴식의 생각 전환	13	10.4	15	18.1
일상생활 역량 향상	11	8.8	4	4.8
기타	2	1.6	2	2.4
합계	125	100.0	83	100.0

꽃다운친구들 참여하면서 그것 (실제 도움, 새롭게 발견된 유익)이 가능했던 이유	부모 응답		청소년 응답	
꽃친의 다양한 프로그램	87	1위	41	2위
학업에서 자유로워진 것	47	3위	15	5위
여유 시간이 많이 늘어나는 것	32	5위	46	1위
꽃친 쌤들과의 관계	50	2위	31	4위
꽃친 친구들과의 관계	40	4위	37	3위

• 친구 관계 형성

꽃친으로 인한 새롭게 발견된 유익에서 '성향이 다른 친구와 잘 지내기'가 많이 언급되었는데(부모 3위, 청소년 2위), 이러한 것이 가능했던 이유에 대해 청소년들은 '여유 시간이 많이 늘어난 것(1위)', '꽃친의 다양한 프로그램(2위)'이라고 응답했다.

입시 경쟁 속 학교생활은 '옆을 돌아볼 시간'과 '마음의 여유'를 주지 않으니, 굳이 나랑 성향이 다른 친구들과 잘 지내야 할 이유가 없다. 그러나 1년의 방학 '꽃친'은 '멈춰서서 여유를 가지고 있고', '소수의 인원' (보통 10명 내외)이 한 기수로 다양한 프로그램을 계속 함께 해야 하기 때문에, 나랑 성향이 다른 친구들과도 어떻게든 공존하며 함께 해야 한다. 여기서 관계에 대한 배움이 일어난다. 특히 여행을 통해서 아이들은 더욱더 친해지고, 끈끈한 친구 관계를 형성하고 있었다.

• 자유와 여유 그리고 허용적 분위기

꽃친은 창의적인 휴식 시간을 보내기 위한 1년간의 쉼이자, 자율 방학이다. 이러한 방학에서조차 어떠한 활동에 얽매어 '쉼' 없이 지낸다면, 진정한 방학을 보낼 수 없을 것이다.

꽃친에서는 주 2회의 모임에 강압적으로 참여하기보다는 최대한 아이들을 존중하고 여유롭게 활동을 구성하고 있었다. 꽃친의 모임은 보통 10시에 맞춰져 있으나 정각에 시작하지 않는다. 경기도에서 오는 친구들을 기다리거나 늦잠을 자서 지각한 친구들을 기다려 주고, 어느 정도 모이면 여유롭게 활동을 시작한다. 그리고 비록 늦었지만 환대해주는 분위기가 있다. 물론 '꽃친의 약속'을 통해 지각한 친구들이 해야 할 일도 있고, 지속적으로 '지각'에 대한 논의도 함께한다. **그러나 엄중하게 출결 관리를 하는 것이 아니라 아이들 스스로 '지각'에 대해 생각하고 깨달을 수 있도록 기회를 준다.** (이러한 부분들 때문에 초기에 약속을 잘 지키는 아이와 그렇지 않은 아이들 간의 관계의 어려움이 발생하기도 하고, 계획된 일을 잘 지키는 것을 중요하게 여기는 아이들이 꽃친의 시간들을 비효율적이라고 느끼거나 어려워하는 경향이 생기기도 한다.)

길잡이 교사A: 지각을 방지하려면 어떻게 할까? 얘기를 해 보게 하는데 (중략) 왜 지각을 하지 말아야 될까? 지각을 하면 뭐가 나쁠까? 해도 돼? 안 돼? 그것부터 얘기하는 거죠. 그래서 저희는 지각을 하면 잘못했다기보다는 우리가 10시부터 이걸 하려고 되게 준비를 많이 했는데 너무 많은 친구들이 늦어서 이걸 제대로 하지 못하게 돼서 너무 속상해. 아쉬워. 그리고 너가 나를 존중하지 않는 것 같다는 생각이 들어. (중략) 이 모임을 얼마만큼 좋아하는지 사랑하는지 그리고 존중하는지 그리고 자기의 생활을 컨트롤할 수 있는 능력이 되는지 이런 것들이 중요하기 때문에 이거에 대해서 생각해 보게 하는 게 가장 중요한 것 같다는 생각을 하고⋯. (2020. 2. 17. 교사면담)

길잡이 교사B: 쌤들이 일방적으로 정한 약속이 아니라 서로 존중을 위해서 만든 약속이기 때문에 소중히 여기고 잘 지키겠다는 마음가짐을 가지고 잘 지켜 주세요. (2019. 08. 30. 참여관찰)

또한 꽃친 모임은 굉장히 자율적이고 자유로운 모임이다. 서로 간의 약속은 있지만 결정은 본인이 하고, 아이들의 의사를 존중해 준다. 그리고 모임은 이틀이기 때문에 이틀을 제외한 나머지 시간에는 얼마든지 자유롭게 시간 사용이 가능하다. 아이들은 그러한 여유로운 시간을 통해 자신에 대해 알게 되기도 한다.

청소년G: 초기에는 거의 흥청망청 시간 쓰다시피 했고요. 그러다가 이렇게 시간을 보내는 거에 대해서 자괴감이 들 때쯤. 진로에 관한 고민도 많이 해 보고. 정보도 많이 찾아보고. 공부라고 하기엔 좀 그렇지만 여러모로 진로에 대해서 고민도 하고. 그 관련된 활동도 해 보고 그러면서 시간을 보낸 것 같아요. (2019. 11. 09. 꽃친 2차 설명회)

청소년H: 시간이 많아지니까. 계획을 지키고 실천할 시간도 많아지는데. 그걸 이제 못 지키다 보니까 어쩔 수 없이 자기 자신에 대한 회의감, 죄책감 같은 게 들잖아요? 하지만 그것을 그냥 받아들이고 '아, 나는 이런 게 안 되는 사람이구나. 이런 게 되는 사람이구나.' 그런 걸 이제 하나씩 인정해 가면서 성숙해 가는 것이 또 방학에서 누릴 수 있는 좋은 점인 거 같아요. (2019. 05. 31. 청소년 면담)

그리고 꽃친은 자유롭게 자신의 의견을 말해도 비난받지 않는 안전한 공간이다. 때로는 장난을 치며 산만할 때도 있지만 큰 제재를 가하지 않는다. 최대한 자유롭게 의견을 말할 수 있도록 옆에서 교사는 도와주고, 개방적 질문을 많이 한다. 아이들과 긍정적인 호응을 정해서 친구들의 의견에 피드백해 주기도 한다.

이처럼 꽃친에서는 1년간의 쉼을 통해서 진정한 자유가 무엇인지 아이들이 몸소 느끼게 할 수 있도록 모든 활동을 진행한다. 여유로운 분위기 가운데 서로 즐겁게 활동하고, 허용적인 환경에서 자신의 삶을 되돌아보게 된다.

7. <꽃다운친구들> 선택의 장애물?

해가 갈수록 꽃친 참여 가족 모집이 쉽지 않다. 학령기 인구가 줄어드는 탓이 크겠지만, 또 다른 어떤 장애물들이 있지 않을까 생각하여, 참여자들에게 망설였던 장애물이 무엇이었는지 질문하였다.

부모들은 1년의 쉼을 주었을 때, '시간 관리에 대한 우려'(33.3%)가 가장 큰 걱정이고 장애물이었다고 응답했으며, '경험해 보지 않은 교육 형태'(24.4%)라는 것도 큰 장애물이었다고 응답했다. 청소년들 역시 1위는 '시간 관리에 대한 우려'(36.7%)였고, 그 다음은 '꽃친 이후 진로에 대한 불안'(33.3%), 그리고 '집-모임 장소 간의 먼 거리'(30.0%)도 중요한 장애물이 되고 있었다.

실제로 꽃친을 했던 꽃치너들, 그 부모들, 그리고 교사들은 이러한 문제들을 나름대로 잘 극복해 냈겠지만, 처음 꽃친을 선택하려는 청소

청소년 갭이어,
나답게 성장하는 1년의 쉼

년과 부모들에게는 이러한 지점들이 가장 큰 고민들이 될 수 있으니, 선배들의 선 경험들을 바탕으로 적절한 대답을 Q&A 방식(글 혹은 영상)으로 잘 제공할 필요가 있어 보인다.

[표 2-20] 〈꽃다운친구들〉 선택하는 데 장애물은 무엇이었나요? (중복 응답 가능)

	부모		청소년	
	빈도	퍼센트	빈도	퍼센트
경험해 보지 않은 교육형태	11	24.4	5	16.7
시간 관리에 대한 우려	15	33.3	11	36.7
집-모임 장소 간의 먼 거리	5	11.1	9	30.0
적극적이지 않은 가족 설득	2	4.4	0	0.0
1년 늦어지는 것	10	22.2	7	23.3
꽃친 이후 진로에 대한 불안	7	15.6	10	33.3
학교를 다니지 않아 생기는 오해나 편견	3	6.7	5	16.7
자녀의 삶에 과도한 개입이 아닐까 하는 생각	8	17.8		
장애물 없음	11	24.4	5	16.7
기타	1	2.2	0	0.0
합계	45	100.0	30	100.0

8. 〈꽃다운친구들〉 모임이 없는 5일은 어떻게 보내는가?

그렇다면 '시간 관리에 대한 우려'는 실제로 어떠했을까? 꽃친 모임은 '1년제 대안학교' 개념이 아니고, '1년제 언스쿨링 연대' 같은 개념이 강해서, 모임이 있는 날(주 2회)을 제외하고는 자유롭게 시간을 보내게 된다. 그렇다면 꽃치너들은 실제로 그 나머지 날들은 어떻게 보내고 있었을까?

2차 조사 결과 부모, 청소년 모두, 각자 지내는 시간 동안에는 '휴식'을 많이 취했다고 응답했다. 지난번 1차 조사 때는 부모들은 '휴식'을 했다고 답했고, 청소년들은 '취미 및 자기계발 활동'을 많이 했다고 답했던 것과는 조금 다른 결과다. 이번 청소년 응답에서는 '취미 및 자기계발 활동'은 3위였다.

[표 2-21] 꽃친 모임 없는 5일, 각자 지내는 시간을 어떻게 보냈나요?

2차 조사				
각자 지내는 시간의 활동	부모 응답		청소년 응답	
휴식 활동(쉼, 잠, 아무것도 안 함 등)	81	1위	58	1위
취미 및 자기계발 활동(독서, 배우기, 하고 싶은 일 하기 등)	62	2위	33	3위
오락 활동(컴퓨터, 스마트폰, 게임, TV, 영화시청 등)	47	3위	36	2위
스포츠 활동(산책, 운동 등)	20	5위	3	7위
문화예술 활동(음악, 미술, 영화, 연극, 뮤지컬 등에 참여)	4	7위	17	공동4위
대인관계 활동(친구 만남)	5	6위	17	공동4위
가족 활동(가족 대화 시간 등)	45	4위	11	6위

1차 조사				
각자 지내는 시간의 활동	부모 응답		청소년 응답	
휴식 활동(쉼, 잠, 아무것도 안 함 등)	78	1위	37	3위
취미 및 자기계발 활동(독서, 배우기, 하고 싶은 일 하기 등)	60	2위	54	1위
오락 활동(컴퓨터, 스마트폰, 게임, TV, 영화시청 등)	46	3위	40	2위

그렇다면 부모들은 그 자녀들의 휴식하는 5일을 어떤 시선으로 바라보고 있었을까? '뒹구는 모습이 싫어서 어디 좀 나가 있기를 바랐다'

는 응답보다, '느슨한 생활이지만 나름 의미 있어 보인다'는 응답이 많았다. (실제로 부모 면담에서 꽃친 초기에는 부모들이 대체로 뒹구는 아이의 모습을 못 봐 주겠어서 힘들었다는 이야기가 많았던 것과는 조금 다른 결과이다. 아마도 설문 응답은 2학기에 주로 이루어졌기 때문이 아닐까 판단된다.)

그 기간 동안의 '교과 학습'(예체능 제외)에 대해서도 1차 때는 '인터넷 강좌 수강'이 27.5%로 '안 했다'와 공동 1위였던 것에 비해, 이번 2차 조사에서는 '안 했다'가 52.1%로 압도적으로 높아졌다. **1차 실태조사가 이루어졌던 초창기에 비해서 주 2회 꽃친활동 외의 나머지 시간에서도 '쉼'을 온전히 누리는 것에 대해 공감대가 더 형성된 것으로 보인다.**

[표 2-22] 〈부모〉 꽃다운친구들에 참여하는 동안,
각자 지내는 사흘을 주로 어떻게 바라보고 계셨나요?

	1차 조사		2차 조사	
	빈도	퍼센트	빈도	퍼센트
뒹구는 모습이 보기 싫어서 어디 좀 나가 있기를 바랐다.	9	22.5	5	11.1
느슨한 생활이지만 나름 의미가 있어 보였다.	21	52.5	27	60.0
평소에 모르던 모습을 보게 되어 당황스럽고 힘들었다.	1	2.5	3	6.7
함께하는 시간이 늘어나서 서로에 대한 이해에 도움이 되었다.	5	12.5	5	11.1
기타	4	10.0	5	11.1
합계	40	100.0	45	100.0

[표 2-23] 〈부모〉 꽃다운친구들을 참여하는 동안, 자녀는
교과 학습활동(예체능 교과 포함)을 어떻게 하고 있나요? 혹은 했나요? (중복응답 가능)

	1차 조사		2차 조사	
	빈도	퍼센트	빈도	퍼센트
안 한다 / 안 했다	11	27.5	25	52.1
과외, 레슨 (개인, 그룹)	10	25.0	8	16.7
인터넷 강좌수강	11	27.5	6	12.5
학원수강 (문화센터포함)	5	12.5	4	8.3
학습지	3	7.5	0	0.0
기타 (혼자공부)	2	5.0	5	10.4
합계	40	100.0	48	100.0

한편, 청소년들은 그 5일을 어떻게 보냈을까? '별다른 계획 없이 편하게 지냈다'가 56.7%로 가장 많았고, '계획을 세웠는데 지키지 못해서 힘들었다'가 20.0%로 두 번째로 많았다. 1차 조사 때는, '계획을 세우고, 잘 지켰다'가 2위였었는데, 2, 3위가 바뀌었다. 그 기간 동안의 '교과 학습'에 대해서는 '안 했다'가 37.5%로 가장 많았고, 과외나 레슨이 25.0%로 두 번째로 많았다.

[표 2-24] 〈청소년〉 꽃친에 참여하는 동안,
각자 지내는 사흘 동안 마음 상태는 어땠나요?

	1차 조사		2차 조사	
	빈도	퍼센트	빈도	퍼센트
별다른 계획 없이 그냥 편하게 지냈다	14	50.0	17	56.7
생활 계획을 세우고 어느 정도 보람있게 지냈다	6	20.4	3	10.0
생활 계획을 세웠으나, 그 계획을 못 지켜서 힘들었다	4	14.3	6	20.0
계획 여부에 상관없이 늘 불안하게 보냈다	2	7.1	2	6.7
기타	2	7.1	2	6.7
합계	28	100.0	30	100.0

[표 2-25] 〈청소년〉 꽃친을 참여하는 동안,
교과 학습활동(예체능 교과 포함)을 어떻게 하고 있나요? 혹은 했나요? (중복응답 가능)

	1차 조사		2차 조사	
	빈도	퍼센트	빈도	퍼센트
안 한다 / 안 했다	8	28.6	15	37.5
과외, 레슨 (개인, 그룹)	11	39.3	10	25.0
인터넷강좌 수강	5	17.9	6	15.0
학원수강 (문화센터 포함)	6	21.4	6	15.0
학습지	3	10.7	1	2.5
기타	4	14.3	2	5.0
합계	28	100.0	40	100.0

　　꽃친에서 보내는 2일 외의 시간을 어떻게 보내느냐에 따라, 꽃친
의 1년은 전혀 다르게 경험되어질 수 있다는 측면에서 이 나머지 5일에
대한 분석이 필요하다.

　　나머지 5일도 여전히 불안해하지 않으며 충분한 쉼을 누리는지, 또
는 나름의 계획을 세워서 계획대로 무언가를 하면서 바쁘게 지내는지,
아니면 무언가를 해야 한다는 압박에만 시달리며 불안하게 지내는지 살
펴볼 필요가 있다.

　　학생마다 편차가 있겠지만, 설문의 결과는 대체적으로 나머지 5일
도 쉼을 누리며 편안하게 지냈다는 것으로 이해된다.

9. <꽃다운친구들> 모임 활동(자/봉/여/관)은 학생들의 성장에 얼마나 기여했는가?

꽃친은 '해마다 학생들의 필요에 따라 커리큘럼을 새롭게 할 수 있다'는 의미에서 고정된 커리큘럼이 없고, 커리큘럼이 열려 있다고 말한다. 그러나 해마다 반복되는 주요 활동들이 있고, 그것을 크게 유목화한 4가지 영역이 있다. 그것을 그들은 '자/봉/여/관'(자기탐구, 봉사활동, 여행유희, 관계형성)이라고 부른다. (최근에는 자봉여관 대신 REST 프로그램〈Recreate(놀이), Engage(사귐), Seek(탐색), Think(성찰)〉이라고 부르는데, 연구 당시에는 자/봉/여/관을 주요 활동으로 소개했었다.)

[표 2-26] 꽃친의 프로그램

자기탐구	봉사활동	여행유희	관계형성
자기 자신의 성격이나 생각, 감정 등에 대해 깊이 이해하고 건강하게 표현하며 타인과 소통할 수 있는 능력을 배우고 익힌다.	시간 때우기식 봉사활동이 아닌 이 세상의 약자들에게 필요한 도움을 주고 마음을 나누는 경험을 하도록 돕는다.	여행을 통해 알게 된 나와 세상, 변화한 나를 관찰할 수 있도록 돕는다.	'휴먼라이브러리'를 통해 세상에 대한 인식을 넓히고 자신감을 가지게 된다. 우리 사회 속 여러 분야의 어른들과 사귀는 시간을 갖는다. 공동체 생활을 통해 다양한 상황 속에서 적극적인 공감, 갈등 해결 등의 소통을 경험을 통해 배운다.
MBTI 자기표현 예술수업 개인톡투유(상담) 진로수업	다양한 봉사활동 (쪽방촌, 지체장애인 활동보조, 노숙인 급식, 수감자 자녀를 위한 인형만들기)	국내여행 캠핑 농촌체험활동 해외여행 제주여행	톡투유(집단상담) 대화법 배우기 성찰 및 써클타임 휴먼라이브러리
기타	꽃다운대화, 꽃다운식탁, 꽃치너데이, 운동, 견학, 성교육, 시민교육		

꽃친의 프로그램은 자기탐구·봉사활동·여행유희·관계형성 4가지 활동 영역을 주축으로 '쉼의 시간 누리기', '나답게 성장하기'를 목표로 가지고 있다. 이러한 공동 프로그램을 '쉼티비티(쉼+acivity)'라고 명명하여, 건강하고 유익한 청소년의 쉼을 위한 활동을 시행하고 있다. 위의 표는 최근에 꽃친에서 정리한 4가지 영역의 대표적인 활동이다.

자기탐구에서는 '나를 찾는 여행', '덕밍아웃'(본인이 '꽃힌' 그 무엇을 소개하는 시간), '글쓰기', '책 읽기', '자기표현 예술 수업', '사진 및 영상 수업', '진로 워크숍', 'MBTI', '개인 톡투유(상담)' 등이 이루어지고 있다.

여행유희로는 '상반기 국내여행', '하반기 제주 여행과 해외여행, 캠핑 활동'도 매해 진행되고 있어 평균 5~6회의 여행을 포함하고 있다. 이 활동에는 청소년들이 '스스로 여행을 기획해보는 과정'을 토대로 다양한 형태의 여행을 통해 휴식, 새로운 경험, 탐험, 우정 쌓기를 경험할 수 있다.

관계형성에 포함된 활동의 경우에는 '비폭력대화 워크숍 같은 대화법 배우기', '집단 상담', '친구 집 방문', 우리 사회에서 다양한 역할을 담당하고 있는 어른들을 직접 만나 이야기 나누며 이해를 넓힐 수 있는 '휴먼라이브러리' 등을 진행하고 있다. 휴먼라이브러리는 보통 상반기는 꽃친 교사들이 직접 연결해 준 사람들을 만나고, 이를 준비하는 과정들을 익힌 다음, 하반기에는 각자의 관심사에 맞는 사람들을 찾아가는 프로젝트를 진행하기도 한다. 관계형성의 경우에는 소수의 인원으로 모인 꽃친 공동체를 경험함으로 다양한 상황 속에서 적극적인 공감, 갈등, 해결 등의 과정을 통해 일어나는 배움도 있다.

꾸준히 지속적으로 이루어지고 있는 활동인 봉사활동의 경우에는 매해 상황과 여건에 따라 그 내용이 다르다. 한 기관을 선정하여 한 달에 한 번 지속적으로 방문하기도 하며, 매달 다른 기관을 선정하여 뇌병변 장애인 돕기 봉사, 노숙인 급식 봉사, 교도소 수감 자녀를 위한 인형 만들기, 개발도상국에 운동화 보내기 등과 같은 다양한 봉사활동이 이루어진다.

꽃친의 자/봉/여/관의 활동 경험들이 학생들의 성장에 얼마나 영향을 미쳤는지를 5점 만점으로 물었다. 부모들은 '여행유희'(4.44), '자기탐구'(4.33), '관계형성'(4.33), '봉사활동'(3.82) 순으로 의미가 있었다고 응답했고, 청소년들은 '여행유희'(4.40), '관계형성'(4.07), '자기탐구'(3.90), '봉사활동'(3.60) 순이었는데, 이는 모두 1차 조사 때 점수와 유사했다. 부모와 청소년 모두, '여행유희'가 가장 학생들의 성장에 영향을 주었다고 보았고, '봉사활동'이 가장 그렇지 못하다고 응답했다.

자/봉/여/관에 대한 기수별 만족도에서 청소년은 기수별 차이가 없었으나, 부모 응답에서는 유의미한 차이가 나타났다. 2기 부모들은 다른 기수의 부모보다 관계형성 성장 점수가 더 낮게 나왔으며, 3기 부모들은 여행유희 성장 점수가 더 높게 나왔다. 기수별로 어떤 경험적 특징들이 반영된 것이 아닌가 판단된다.

[표 2-27] 꽃친 모임 활동(자/봉/여/관)의 성장 기여도 비교 (5점 만점)

	부모		청소년	
	1차 조사	2차 조사	1차 조사	2차 조사
1) 자기탐구	4.05	4.33	3.79	3.90
2) 봉사활동	3.80	3.82	3.79	3.60
3) 여행유희	4.33	4.44	4.38	4.40
4) 관계형성	4.00	4.33	4.00	4.07

[표 2-28] 〈부모〉 꽃친 모임의 경험이 다음 각 영역에서의
여러분의 성장에 얼마나 영향을 미쳤나요?

	1) 자기탐구 나의 성향, 생각, 감정, 선호 등을 알게 되었다.		2) 봉사활동 사회적 약자들과 지속적으로 관계를 맺으며 도움을 주고 우정을 나누는 경험을 했다.		3) 여행유희 휴식, 새로운 경험, 놀이, 탐험, 우정을 쌓는 경험이 되었다.		4) 관계형성 타인과 소통하는 능력을 배우고 익혔다.	
	빈도	퍼센트	빈도	퍼센트	빈도	퍼센트	빈도	퍼센트
전혀 아니다	0	0.0	0	0.0	0	0.0	0	0.0
아니다	0	0.0	3	6.7	0	0.0	0	0.0
보통이다	2	4.4	9	20.0	2	4.4	2	4.4
그렇다	26	57.8	26	57.8	21	46.7	26	57.8
매우 그렇다	17	37.8	7	15.6	22	48.9	17	37.8
합계	45	100.0	45	100.0	45	100.0	45	100.0
평균점수	4.33		3.82		4.44		4.33	
1차 조사	4.05		3.80		4.33		4.00	

[표 2-29] 〈청소년〉 꽃친 모임의 경험이 다음 각 영역에서의
여러분의 성장에 얼마나 영향을 미쳤나요?

	1) 자기탐구 나의 성향, 생각, 감정, 선호 등을 알게 되었다.		2) 봉사활동 사회적 약자들과 지속적으로 관계를 맺으며 도움을 주고 우정을 나누는 경험을 했다.		3) 여행유희 휴식, 새로운 경험, 놀이, 탐험, 우정을 쌓는 경험이 되었다.		4) 관계형성 타인과 소통하는 능력을 배우고 익혔다.	
	빈도	퍼센트	빈도	퍼센트	빈도	퍼센트	빈도	퍼센트
전혀 아니다	0	0.0	1	3.3	0	0.0	0	0.0
아니다	1	3.3	2	6.7	1	3.3	1	3.3
보통이다	7	23.3	8	26.7	1	3.3	6	20.0
그렇다	16	53.3	16	53.3	13	43.3	13	43.3
매우 그렇다	6	20.0	3	10.0	15	50.0	10	33.3
합계	30	100.0	30	100.0	30	100.0	30	100.0
평균점수	3.90		3.60		4.40		4.07	
1차 조사	3.79		3.79		4.38		4.00	

10. <꽃다운친구들> 모임 활동 중 가장 즐겁고 유익했던 프로그램은?

꽃치녀들은 가장 즐겁고 유익했던 프로그램으로, 1순위 전체 30명 응답에서 23명이 '여행 프로그램'을 선택했고, 2순위 28명 응답 중에서도 9명이 여행을 선택했다. 앞에서도 확인한 것처럼 '여행'은 청소년들에게 가장 강력한 교육이 되고 있었다.

'여행'은 중요한 교육적 의미를 갖는다. 그래서 많은 대안교육들에서도 '여행'을 중요하게 생각한다. '여행'은 단순히 어떤 장소를 다녀오는 것이 아니고, 준비과정에서부터 돌아와서 하는 피드백 활동까지 그 안에 다양한 만남과 경험들이 일어나는 종합선물세트이다. 특히 꽃친에서 여행은 학생들이 스스로 계획하고, 주도적으로 만들어 나가는 방식으로 진행된다는 점에서 매력 있는 중심 활동이다.

다시 한번 강조하지만, 꽃친의 여행은 청소년 주도적이다. 교사들은 여행 준비과정을 지도하고, 실질적인 내용들(목적지, 일정, 역할 분담 등)은 아이들이 의논하여 결정한다. 여행 프로젝트는 아이들이 조별로 가고 싶은 여행지를 선택하여 모두에게 발표한 후, 그 PT를 통해 여행지를 선정한다. 그리고 숙박시설, 교통수단, 프로그램 등 여행 준비의 과정도 직접 아이들이 논의를 통해 결정한다.

부모A : 선생님들이 계시잖아요. 계시는데 학교 선생님들과는 달리 모든 의사 결정을 아이들한테 다 맡겨줘요. 뭐 먹는 거, 점심을 선택하든, 뭐 어디 가서 뭘 할래, 좀 어설프고 아이들이 하는 게 마음에 안 드실 수도 있지만. 일단 모든 걸 다. 라오스 여행 계획도 모든 걸

다 아이들한테 맡겨서 '삶의 주인이 너다.'라는 걸 알려 주시려고 했던. 그 과정이 좋았던 것 같아요. (2019. 11. 15. 4기 부모 면담)

그런데 코로나19로 인해 해외여행이 어려워졌고, 국내여행도 시기에 따라서는 제한적일 수밖에 없었다. 이러한 이유로 향후 꽃친의 '여행'에 대한 고민이 더욱 필요하다고 판단된다.

그 외에 '톡투유' 등 소소한 토크는 1순위에서 3명, 2순위에서 3명이 있었고, '다양한 어른 만나기'와 '휴먼라이브러리'가 1순위에서 1명, 2순위에서 2명, 3순위에서 3명이 있었고, '요리 관련 활동', '봉사활동', '덕밍아웃' 등 기타 다양한 응답들이 언급되었다.

이 밖에도 성격유형별로 릴레이 소설 쓰기, 직접 요리하기, 자신이 좋아하는 것 발표하기(덕밍아웃), 진로에 대한 나만의 목표 정하기 등 관찰한 모든 활동이 학생 참여형으로 이루어졌다. 이러한 학생 주도적 활동들은 학생들의 삶 전체에 영향을 끼치기도 하였는데, 청소년 G는 꽃친의 자기주도적 활동이 새로운 것을 접하는 데 거부감이 없게 만들었고, 자신의 삶도 어느새 주도적으로 변화된 것을 볼 수 있다고 말했다.

청소년G : 저는 개인적으로 무언가를, 새로운 거 접하거나 해 보거나 스스로 할 수 있는 일 찾아보거나 그런 걸 할 수 있게 된 게 큰 변화라고 생각합니다. 학교 다닐 때는 학교 갔다 오고 학원가고. 숙제하고 틀에 박힌 생활 했었는데. 꽃친 하면서 자기주도적 활동 많이 하다 보니깐 새로운 거 접하는 데 거부감 없어지고. 그냥 해 보지 뭐…. (2019. 11. 09. 꽃친 2차 설명회)

[표 2-30] 가장 즐겁고 유익했던 프로그램

1 순위	여행 관련	톡투유 및 토크	기타			합계
	23	3	4			30
기타	글쓰기, 꽃치너데이, 봉사활동, 외부강사 초빙 참여형 활동					
2 순위	여행 관련	톡투유 및 토크	요리 관련	다양한 어른 만남	기타	합계
	9	4	2	2	11	28
기타	연극보기, 고등학자, 음악 밴드, 덕밍아웃, 글쓰기수업, 진로검사, 가족모임, 봉사, 사진, 모임, 게임하기					
3 순위	요리 관련	다양한 어른 만남	봉사활동	덕밍아웃	기타	합계
	4	3	3	2	14	26
기타	친구들과 놀았던 것, 대화, 글쓰기수업, 영상수업, 밴드활동·영상활동, 안녕식, 여러 가지 수업 듣기+세월호 캠페인, 여행, 난타, 진로, 야외 여러 가지 활동, 게임, 한강나들이, 인간관계					

11. <꽃다운친구들> 부모 모임에 대하여?

꽃친은 다른 청소년 갭이어와는 달리, 청소년만 참여하는 프로그램이 아니라, 청소년과 그 가족들이 함께 참여하는 '가족 동행 프로그램'이라는 점에서 차별성을 지닌다. 그렇기 때문에 '부모 모임'과 '교사와 부모 파트너십'은 꽃친에서 아주 중요한 역할을 차지한다.

"부모님과의 파트너십이 상당히 중요하다고 봐요. 어려움은 늘 있거든요. 그걸 맞이했을 때, '이것을 지켜보는 게 좋을까요? 격려하는 게 좋을까요?'를 부모님과 긴밀하게 얘기를 많이 하죠. 파트너십이 중요해요. 그게 안 되는 부모님은 저희가 좀 힘들더라고요." (<꽃다운친구들> 교사B)

부모 모임은 초창기 월 2회의 모임을 진행하였으나, 현재는 월 1회 모임으로 고정되었다. 월 1회로 줄어든 가장 큰 이유는 물리적인 시간 확보의 어려움이었다. 부모 모임의 구성은 보통 상반기에는 '배움 활동', 하반기에는 '부모 간의 교제'를 중심으로 이루어지며, 꽃친 대표 없이 자발적인 모임이 이루어지기도 한다.

부모 모임에 대한 2차 설문 결과, 부모 모임의 빈도(월 1-2회)가 '적절했다'가 80.0%, '다소 과다하다'는 11.1%로, 월 2회 만나던 1차 조사 때보다 '과다하다'고 느끼는 정도가 줄어들었다(30.0% → 11.1%).

부모 모임에 대한 부모들의 주관식 평가는 대체로 긍정적이었는데, '즐겁고 좋은 모임이었다', '알찬 프로그램이었다', '좋은 분들과 가치관을 공유하며 소통할 수 있어서 좋았다', '위로와 격려가 되었다' 등의 반응이었다.

[표 2-31] 〈부모〉 월 1~2회의 부모 모임의 빈도는 적절했다고 생각하십니까?

	1차 조사		2차 조사	
	빈도	퍼센트	빈도	퍼센트
매우 부족	0	0.0	0	0.0
다소 부족	2	5.0	3	6.7
적절	25	62.5	36	80.0
다소 과다	12	30.0	5	11.1
매우 과다	1	2.5	1	2.2
합계	40	100.0	45	100.0

부모 모임에 대한 개선점으로 나온 것은 '초반에 소통 및 교제를 통해 관계를 맺는 시간이 더 있었으면 좋겠다'는 의견(상반기 배움 / 하반

기 교제 구조의 문제점 극복을 위한 제안)과, '배움 시간과 친교 시간의 적절한 배분'에 대한 요구가 있었고, '자녀들과 함께 하는 프로그램이 있었으면 좋겠다'는 의견과, '가능한 한 많은 분들이 참여할 수 있도록 참석율을 높이고, 지속 가능하게 하는 방안'을 찾자는 의견(참석이 지속적으로 어려운 부모들은 끝내 전체 꽃친에서의 적응도도 떨어지는 문제를 극복하기 위해 참석율 높여야 한다는 제안), '부모 모임을 더 늘리자'는 의견도 있었다.

부모 모임에 대한 1~3기 부모들의 의견들은 1차 조사 이후, 일부 반영되어 조정되기도 하였다.

[표 2-32] 〈부모〉 부모 모임과 가족 모임에 대해 하실 말씀이 있다면? (서술형)

긍정적 피드백(17명) : 좋은 분들과 가치관을 공유, 소통할 수 있어서 좋았다. 위로와 격려가 되었다.		
같은 길을 걸어가는 동시대의 부모들을 통해 위로와 격려가 되었다.	좋은 분들과 동행할 수 있어서 행운이었다.	부모 모임이 없었다면 끝까지 할 수 없었을 것 같아요.
부모 모임 자체가 의미가 있었습니다~ 같은 길을 가고 있는 사람들이 있다는 자체가 힘이 되었습니다~	지나고 보니 부모 모임은 매우 중요했다 생각.	부모 모임 때 서로 공유하며 위로받고 힘을 얻을 수 있어서 좋았습니다.
아쉬움(4명) : 적극적이지 못했던 것 같아 아쉽다. 함께 모이기 쉽지 않았다. 거리가 멀었다.		
꽃친을 마치고 부모 모임이 지속적으로 이어지지 못한 것에 대한 아쉬움이 있다(거리상의 한계로 인해). 거리가 다소 멀었다.	모임에 보다 적극적이지 못했던 나 스스로에 대한 반성이 앞선다.	만나면 너무 좋았지만 함께 모이기가 쉽지는 않았던 것 같아요.
개선사항(20명) : 초반에 교제 시간, 소통 필요. 자녀와 함께 하는 프로그램, 참석율 높이기.		
시작 초기에 조금 더 잦은 소통과 만남이 필요할 듯요~	될 수 있으면 모든 부모님이 참석하면 좋겠다.	부모들이 함께 모여 내 자녀가 아닌 우리 자녀를 함께 키우고 돌보는 울타리가 되었다고 생각합니다.
벽을 허물고 진솔한 관계 형성이 중요할 것 같다.	강의를 듣는 것도 좋지만 부모들끼리의 대화의 장이 더 많았으면 하는 아쉬움이 있습니다.	초반부에 따로 모이는 것도 좋지만 부모와 자녀가 함께 만나 가족공동체로서 서로 알아가는 시간이 충분하면 좋을 것 같습니다.

12. <꽃다운친구들> 전체 만족도?

'꽃친 모임'과 '교사와의 관계', '친구 관계', '부모 모임 및 관계', 그리고 '종합적인 전체 만족도'를 10점 만점으로 물었다. **전체 만족도는 10점 만점에 부모는 8.63, 청소년은 8.28으로 나왔다.** 9점 이상 준 경우는 부모 22명(48.9%), 청소년 15명(50.0%)으로, **절반에 가까운 이들은 아주 만족한 것으로 보이며,** 6점 이하로 점수를 준 경우는 부모 3명(6.6%), 청소년 3명(10.0%)으로, **5~10% 정도의 이들은 어딘가 약간의 불만족이 있는 것으로 보여진다. 대체로 만족이라고 볼 수 있는 7~8점대가 40~45% 정도 된다고 볼 때, 아주 만족 50%, 대체로 만족 40~45%, 약간 불만족 5~10% 정도라고 볼 수 있을 것 같다.**

영역별로는 부모들은 '교사와의 관계'에 대해 가장 만족스러워하고 있었으며(9.18), '꽃친 모임 만족도'는 8.40이었고, 자녀의 친구관계(7.93)와 부모모임과 관계(7.81)에서는 전체 만족도(8.63)보다 약간 낮은 점수를 보였다.

청소년들 역시 '교사와의 관계'가 가장 만족스럽고(8.85), 친구와의 관계(7.98)와, 모임 만족도(7.82)는 역시 전체 만족도(8.28)보다는 약간 낮은 점수를 보였다.

전체적으로 점수는 1차 조사 때보다 2차 조사 때 소폭 상승했다.

[표 2-33] 꽃친 구성 요소 만족도 비교 (10점 만점)

	부모		청소년	
	1차 조사	2차 조사	1차 조사	2차 조사
1) 전체만족도	8.27	8.63	7.89	8.28
2) 꽃친 모임 만족도	8.15	8.40	7.54	7.82
3) 교사와의 관계 만족도	8.83	9.18	8.57	8.85
4) 친구관계 만족도	7.88	7.93	7.50	7.98
5) 부모모임 및 관계 만족도	7.94	7.81		

[표 2-34] 〈부모〉 꽃다운친구들을 구성하는 요소들에 대한 만족도는? (10점 만점)

	1) 전체 만족도		2) 꽃친모임 만족도		3) 교사와의 관계 만족도		4) 자녀의 친구 관계 만족도		5) 부모모임 및 관계 만족도	
	빈도	퍼센트	빈도	퍼센트	빈도	퍼센트	빈도	퍼센트	빈도	퍼센트
3점	0	0.0	0	0.0	0	0.0	1	2.2	1	2.2
4점	0	0.0	0	0.0	0	0.0	1	2.2	1	2.2
5점	1	2.2	1	2.2	0	0.0	4	8.9	1	2.2
6점	2	4.4	2	4.4	0	0.0	1	2.2	6	13.3
7점	7	15.6	7	15.6	3	6.7	5	11.1	6	13.3
8점	13	28.9	13	28.9	6	13.3	15	33.3	13	28.9
9점	12	26.7	12	26.7	16	35.6	11	24.4	12	26.7
9.5점	0	0.0	0	0.0	0	0.0	0	0.0	1	2.2
10점	10	22.2	10	22.2	20	44.4	7	15.6	4	8.9
합계	45	100.0	45	100.0	45	100.0	45	100.0	45	100.0
평균	8.63		8.40		9.18		7.93		7.81	
1차조사	8.27		8.15		8.83		7.88		7.94	

청소년 갭이어,
나답게 성장하는 1년의 쉼

[표 2-35] 〈청소년〉꽃다운친구들을 구성하는 요소들에 대한 만족도는? (10점 만점)

	1) 전체 만족도		2) 꽃친모임 만족도		3) 교사와의 관계 만족도		4) 친구관계 만족도	
	빈도	퍼센트	빈도	퍼센트	빈도	퍼센트	빈도	퍼센트
2점	0	0.0	1	3.3	0	0.0	0	0.0
3점	0	0.0	0	0.0	1	3.3	0	0.0
4점	1	3.3	0	0.0	0	0.0	1	3.3
5점	1	3.3	2	6.7	1	3.3	1	3.3
6점	1	3.3	3	10.0	0	0.0	1	3.3
7점	4	13.3	5	16.7	1	3.3	8	26.7
7.5점	0	0.0	0	0.0	1	3.3	0	0.0
8점	8	26.7	6	20.0	5	16.7	6	20.0
8.5점	0	0.0	1	3.3	0	0.0	1	3.3
8.8점	0	0.0	0	0.0	0	0.0	1	3.3
9점	8	26.7	7	23.3	7	23.3	7	23.3
9.3점	1	3.3	0	0.0	0	0.0	0	0.0
10점	6	20.0	5	16.7	14	46.7	4	13.3
합계	30	100.0	30	100.0	30	100.0	30	100.0
평균	8.28		7.82		8.85		7.98	
1차조사	7.89		7.54		8.57		7.50	

부모, 청소년 모두 '교사와의 관계 만족도'가 가장 높았다. 그리고 1차 조사보다 2차 조사가 더 높게 나왔다. 과연 교사들의 어떤 모습과 행동이 부모와 청소년들에게 높은 만족도를 가져오게 했을까?

꽃친의 교사들은 '대표'(이수진)와 '길잡이 교사'(이예지, 장현아) 그리고 파트타임의 '동행 교사'와 '외부 강사'들이 있다. 꽃친 4기 활동들을 집중적으로 참여 관찰한 결과, 꽃친의 교사들은 사소한 활동 과정 중에서도 아이들을 존중하고, 배려해 주며 칭찬을 아끼지 않는다는 것을 발견했다.

길잡이 교사A : 한마디라도 정말 그 아이가 한마디라도 솔직한 얘기를 하길 바라는 그런 심정으로 계속 대화를 하고 그런 얘기를 했을 때 되게 칭찬을 격려를 많이 해주고 그게 중요한 것 같아요. (2020. 2. 17. 교사면담)

꽃친의 교사들은 칭찬과 격려와 함께 모든 활동에 대해 개별적인 피드백을 상세히 해주는 편이다. 우리는 보통 단순히 '교수'(teaching)를 교육이라고 생각하지만, 진정한 '학습'(learning)이 이루어지는 교육은 교사가 학생에게 지속적인 '피드백'(feedback)을 해 줄 때 일어난다. '글쓰기 수업', '진로 수업', '사진 수업' 모든 활동에서 개별적인 피드백이 주어졌다. 예를 들어 사진 수업에서는 전문가의 시선으로 사진을 살펴보고 아이들의 개성을 존중하면서 하나하나 살펴 보는 활동도 이루어졌다.

또한 한 달을 성찰하고 다음 달을 내다보는 회고의 시간, '꽃다운 대화'와 개별 혹은 조별 모임으로 '톡투유'도 서로 간의 피드백이 활발히 이뤄지는 활동이다. 특히 매달 이루어지는 '꽃다운 대화'는 매번 다른 형식으로 성찰을 안내할 수 있도록 도와준다.

꽃친 참여 청소년들도 교사들이 따뜻하고 편안하고 사교적이라고 느끼고 있었다. 꽃친 참여 청소년들의 부모는 꽃친 교사들의 세심한 케어와 사랑이 눈에 보이진 않지만 이 프로그램의 핵심이라고 생각하고 있었다.

청소년A : 근데 쌤들은 좋았어요.
청소년B : 얘기 들어주시는 것도 되게 잘 들어주시고.

청소년A : 친절하셨어요. 따뜻하고 약간 뭔가 편안한 느낌?

청소년G : 선생님들은 얘기를 듣는 데 되게 개방적이고, 사람들하고 친해지는 걸 되게 좋아하는 것 같았어요. (2019. 05. 31. 4기 청소년 면담)

부모B : 제가 볼 땐 분명히 선생님들이 뭔가(?) 하셨어요. 저희 눈에 보이지 않는 건데, 아주 세심한 프로그래밍과 실행과 애들에 대한 배려와 케어와 이것이 없었으면…. 애들이 나무가 자라듯 자랐다는 느낌이거든요. 옛날에는 쪼그라든 느낌이었다면 지금은 얘가 자라고 있다는 느낌이 들어요. (2019. 11. 15. 4기 부모 면담)

부모C : 선생님들이 부모처럼 애들을 사랑하더라고요. 사랑은 다 느껴지거든요. 가짜로 대하는지 진짜로 대하는지는 저희도 한두 번 얘기해보면 다 알잖아요.

대부분의 활동에서 모든 길잡이 교사와 동행 교사가 활동에 적극적으로 참여하고 있었다. 때로는 아이들이 모르는 부분이 있을 때, 옆에 있던 다른 교사가 도와주고, 세심하게 아이들을 관찰하여 필요에 즉각적으로 응답하기도 하였다. 길잡이 교사와 동행 교사는 항상 활동에 함께 참여하며 활동의 촉진자의 역할을 감당한다. 이처럼 꽃친에 참여하는 청소년들은 믿음과 사랑의 분위기 가운데 따뜻하고 세심하게 아이들을 대하는 교사들과 늘 함께 있었다.

13. <꽃다운친구들>은 나에게 어떤 의미인가?

꽃친을 경험하고 난 뒤, 현재 꽃친은 자신에게 어떤 의미인지를 물었다. 보기를 세 가지 수준으로 설정했는데, ① '과거에 경험했던 좋은 프로그램이다'(과거), ② '좋은 추억이자, 함께 경험한 친구, 교사들과의 지속적인 커뮤니티다'(현재), ③ '지속적인 커뮤니티일 뿐 아니라, 앞으로도 동참하고 싶은 사회운동이다'(미래)가 그것이다. 꽃친이 단지 나에게 '과거에 경험한 좋은 프로그램'인지, '지금 현재도 경험하고 있는 지속적인 좋은 커뮤니티'인지, '앞으로 미래에도 계속 함께할 사회운동'인지를 물어본 것이다.

부모들은 '미래에도 함께할 사회운동이다'(미래에도 동참할 운동)가 62.2%로 가장 낮았고, '현재에도 지속되는 커뮤니티이다'(현재적 의미)가 22.2%, '과거에 경험했던 좋은 프로그램이다'(과거적 의미)가 15.6%로 나타났으며, 청소년들은 '현재적 의미'가 53.3%, '과거적 의미'가 26.7%, '미래에도 동참할 운동'은 20.0%였다.

[표 2-36] 〈꽃다운친구들〉을 경험하고 난 뒤 현재 꽃친은 어떤 의미인가요?

	부모		청소년	
	빈도	퍼센트	빈도	퍼센트
과거에 경험했던 좋은 프로그램	7	15.6	8	26.7
좋은 추억이자, 함께 경험한 친구들, 선생님과의 지속적인 커뮤니티	10	22.2	16	53.3
지속적인 커뮤니티이자, 우리 사회에 던지는 의미가 있고 앞으로도 동참하고 싶은 사회운동	28	62.2	6	20.0
합계	45	100.0	30	100.0

전체 응답 수가 크지 않아서 아주 유의미한 통계로 보기 어려우나, 꽃친 2차 실태조사에서는 다양한 질문들을 가지고 통계적인 교차분석

을 실시해 본 결과, 대부분의 질문에서는 집단 간의 차이를 발견할 수 없었으나 유독 위의 질문(꽃친은 나에게 어떤 의미인가)의 응답자 간에는 여러 질문에서 유의미한 차이가 있었다.

'과거에 경험했던 좋은 프로그램(과거적 의미)으로 응답한 부모 점수'보다 '지속적인 커뮤니티이자, 우리 사회에 던지는 의미가 있고 앞으로 동참하고 싶은 사회운동(미래에도 동참)이라고 응답한 부모의 점수'가 전체적으로 높았다(예를 들어, 전체 만족도 점수; 과거적 의미 7.71점 < 미래에도 동참 8.91점 (10점 만점)). 부모 모임의 빈도에 대해서는 미래에도 동참 그룹이 부모 모임 빈도가 부족하다고 느꼈다(과거적 의미 3.57점 > 미래에도 동참 2.96점 (5점이 매우 과다, 1점이 매우 부족)).

부모 설문의 경우, 자기탐구를 제외한 봉사활동, 여행유희, 관계형성 성장 점수에서 유의미한 차이가 있었고, 전체만족도, 꽃친 모임 만족도, 교사 관계 만족도에서도 차이가 발견되었다(자녀 친구관계 만족도, 부모 모임 관계 만족도에는 차이가 발견되지 않음). 부모 모임 공동체성과 부모 모임의 빈도에 관한 질문에서도 의미 있는 차이가 있었다(부모 모임에서 교사 소통과 관련해서는 유의미한 차이가 없었음).

[표 2-37] 〈부모〉 꽃친 의미별 전체만족도의 차이　　　　　　　　　　(N=45)

구분		전체만족도(10점 만점)					
		n	평균	표준편차	F	p	scheffe
꽃친 의미	과거에 경험했던 좋은 프로그램[a]	7	7.71	1.38	3.851	0.029*	a<c
	좋은 추억이자, 함께 경험한 친구들, 선생님과의 지속적인 커뮤니티[b]	10	8.50	1.08			
	지속적인 커뮤니티이자, 우리 사회에 던지는 의미가 있고 앞으로도 동참하고 싶은 사회운동[c]	28	8.91	0.92			

*p〈.05, **p〈.01, ***p〈.001

청소년의 응답에서도 응답자 간 유의미한 차이가 있었다. 봉사활동을 제외한 자기탐구, 여행유희, 관계형성 성장 점수에서 유의미한 차이가 있었고, 전체만족도, 친구 관계 만족도에서 차이가 발견되었다(꽃친 모임 만족도, 교사와의 관계 만족도에는 차이가 없음).

과거에 경험했던 좋은 프로그램(과거적 의미)으로 응답한 청소년 점수 보다 지속적인 커뮤니티이자, 우리 사회에 던지는 의미가 있고 앞으로 동참하고 싶은 사회운동(미래에도 동참)이라고 응답한 청소년의 점수가 높았다(예를 들어, 전체 만족도 점수; 과거적 의미 7.25점 〈 미래에도 동참 9.33점, 10점 만점).

이러한 통계들은 꽃친 참여 부모와 청소년들이 꽃친을 단지 과거에 경험했던 좋은 프로그램 또는 현재에도 의미 있는 지속적인 커뮤니티로만 생각하지 않고, 앞으로도 동참하고 싶은 사회운동으로 인식하도록 돕는 것이 매우 중요한 과제라는 것을 보여 준다.

[표 2-38] 〈청소년〉 꽃친 의미별 전체만족도 차이 (N=30)

구분		전체만족도(10점 만점)					
		n	평균	표준편차	F	p	scheffe
꽃친 의미	과거에 경험했던 좋은 프로그램[a]	8	7.25	1.28	4.226	0.025**	a<c
	좋은 추억이자, 함께 경험한 친구들, 선생님과의 지속적인 커뮤니티[b]	16	8.39	1.51			
	지속적인 커뮤니티이자, 우리 사회에 던지는 의미가 있고 앞으로도 동참하고 싶은 사회운동[c]	6	9.33	0.81			

*p〈.05, **p〈.01, ***p〈.001

• 꽃친의 지속적인 영향력

청소년들에게는 꽃친 이후 시간이 갈수록 꽃친의 경험이 나의 가치관이나 감정, 선택에 영향을 주고 있다고 생각하는지 물었다. '그렇다'는 응답이 50.0%로 가장 많았고, '매우 그렇다'까지 합치면 60.0%의 긍정 응답이 나왔다.

이 질문은 청소년들이 당장에 느끼지 못할지 모르지만, 꽃친의 경험이 그들의 일생의 삶을 사는 동안에 가치관의 변화나, 이후 삶의 선택에 영향을 줄 것이라는 기대를 가지고 물어본 질문이었는데, 수치로 확인하는 것의 한계가 있지만, 앞으로도 이 질문에 대한 답은 세월이 지날수록 다르게 해석될 수 있을 것으로 생각된다.

[표 2-39] 〈청소년〉 꽃친 이후 시간이 갈수록 꽃친의 경험이
나의 가치관이나 감정, 선택에 영향을 주고 있다고 생각하나요?

	전혀아니다	아니다	보통이다	그렇다	매우그렇다	잘모르겠다	합계
빈도	1	2	6	15	3	3	30
퍼센트	3.3	6.7	20.0	50.0	10.0	10.0	100.0

연구 결과 타당성 검토를 위한 부모 간담회에서 한 부모는 "(꽃친의 의미에 대해) 홍보할 때부터 들었던 건데, 시간이 지나면서 개념이 더 고민되어지고, 성숙되어지고 있다."라고 언급하였다. 이는 꽃친의 활동들이 시간이 지남에 따라 계속해서 곱씹어진다는 의미이다. 좋은 교육은 단지 1년의 교육으로 머무르지 않고, 계속 삶 속에서 교육되고 기억되는 것이다. 아이들에게 그럴 것이라 생각한다.

14. <꽃다운친구들> 1년의 가장 큰 변화는? (서술형)

꽃친 1년을 경험한 후 가장 큰 변화가 무엇인지 서술형으로 물었다.

먼저 부모들은, "가족과 시간을 많이 보내게 되어 가족 간의 관계가 풍성해졌다"(11명), 특히 "자녀를 신뢰하고 믿고 기다리는 변화가 일어났다"(9명), "자녀를 더 잘 알게 되었다"(5명)와 같은 가족 관련 변화(25명), 특히 자녀를 보는 시선의 변화가 가장 크다고 대답하였다.

다음으로는 "쉼과 여유에 대한 생각에 변화가 생겼다"(7명), "공부와 삶에 대한 생각에 변화가 생겼다"(6명) 등의 생각의 변화(13명)를 많이 언급했다. "모두가 가야 한다고 생각했던 그 틀에서 잠시 한 걸음 벗어나는 것도 괜찮다"고 하는 생각의 변화가 생겨난 것이다.

[표 2-40] 〈부모〉 꽃친, 1년의 시간을 통해 우리 가족이 가장 변화된 점은?

풍성한 가족관계(11명)		
자녀와 소통이 더 긴밀해짐.	함께 하는 물리적인 시간, 절대량이 많아짐. 그로 인해서 질적으로도 풍성	자녀와의 대화 수준이 높아졌다고 할까~ 관계도 더욱 돈독해지고^^
가족 간의 서로에 대한 신뢰와 이해, 기다림(9명)		
자녀를 더 신뢰하고 기다릴 줄 알게 되었다. 자녀도 삶에 여유를 갖는 자세를 갖게 되었다.	자녀를 바라볼 때 여유 있게 믿고 기다려 주기가 가능해짐.	부모와 자식 간의 신뢰
자녀에 대해 더 잘 알게 됨(5명)		
자녀에 대해 더 잘 알게 되었고 같이 나눌 이야깃거리가 많아졌다.	내 아이를 있는 그대로 받아들이게 된 것과 욕심을 내려놓으니 내 아이의 자존감이 회복되는 놀라운 경험을 하게 되었습니다.	

청소년 갭이어,
나답게 성장하는 1년의 쉼

삶의 여유, 쉼에 대한 생각 변화(7명)		
전반적인 삶을 대하는 여유를 얻었고 쉼의 가치에 대해 느끼는 시간이었다.	(자녀 포함) 1년 쉰 게 참 잘한 결정이었음을 확인 & 1년 쉬어도 뒤처지지 않고 오히려 더 잘 달릴 수 있는 에너지를 얻었음을 알게 됨.	모두가 당연한 것으로 여기는 길에서 조금 벗어나 다른 길을 걸을 수 있다는, 그래도 되겠구나라는 자신감.
교육 및 삶에 대한 생각 변화(6명)		
생각의 다양성을 삶으로 표현할 수 있는 용기, 믿는 것과 행동하는 것을 조금이라도 일치시켜보려고 노력해본 시간들이 앞으로의 또 다른 도전도 가능케 할 것이다. 참 많이 소통하는 시간이었다.		변화와 선택을 주저하지 않아도 된다는 자신감
다양한 경험 및 추억(6명)		
좋은 분들과 함께 하는 좋은 경험을 공유했다.		좋은 친구들을 얻은 점

청소년들의 대답을 보면, "다른 사람들을 있는 그대로 바라보고, 이해하며, 폭넓게 관계를 맺을 수 있게 되었다"는 "관계의 변화"가 8명, "자기 자신을 더 많이 이해하게 되었다"는 "자기 이해"가 7명, "남들과 비교하지 않고 용기 있게 주체적으로 살게 되었다"도 6명이 있었다. 그 외에 세상을 바라보는 시선도 변하고, 기타 여러 가지 변화들도 일어나고 있었다.

[표 2-41] 〈청소년〉 꽃친, 1년의 시간을 통해 내가 가장 변화된 점은?

관계에 대한 변화(8명)		
인간관계의 변화가 있었다. 꽃친을 하기 전에는 사람과 친해지려 하는 마음이 너무 커서 사람들을 신경 쓰느라 나의 시간이 없었다. 그러나 꽃친을 통해 인간관계를 다양하게 겪고 나서는 나에게 여유가 생겼다.	나와는 다른 사람들의 다양한 모습도 더욱 관용하게 됐다.	사람을 있는 그대로 바라봐 주게 된 점
	나와 잘 맞거나 잘 맞지 않는 사람들 간에 관계를 가지고 갈등을 해결하는 방법을 알았다.	사람을 이해하고 대하는 법과 나 자신을 성찰하는 방법을 알게 되었다.

나 자신에 대해 알게 됨(7명)		
나를 더 자세하게 알게 되었고 주변에 좋은 사람들이 생겼다.	내가 어떨 때 가장 행복한지 알게 되었다.	내가 누구인지 알게 되었고 많은 경험을 할 수 있게 해주었고 내가 하고 싶은 게 무엇인지 알려주었다.
나를 표현하고 알아가는 방법을 배웠다.	남들이 뛴다고 반사적으로 같이 뛰지 않게 되었다. 시간적 여유와 충분한 거리를 두고 나를 돌아봄으로 있는 그대로의 나를 조금 더 수용하게 되었다.	
용기, 주체성 향상, 성격의 변화(6명)		
쉴 수 있는 용기	삶을 주체적으로 사는 것	성격이 많이 외향적으로 변했다.
새로운 곳에 가는 게 더 이상 두렵지 않다.	말이 많아지고 적극적으로 변화한 것	내가 좋아하는 게 무엇인지 어떻게 해야 하는지 앞으로 진로를 정할 용기가 생겼다.
마음 및 생각의 변화(4명)		
이 사회가 중요하다고 말하는 것들이 정말로 중요한 것인지 무엇을 위한 것인지에 대해 끊임없이 비판적 시각으로 생각하고 여러 사회 문제들에 귀 기울이는 기점이 되었다.		세상을 바라보는 시각
기타(6명)		
좋아하고 하고 싶은 것을 찾은 것	기록을 남기는 것이 중요하다는 걸 알았다. 꽃친을 할 때는 몰랐지만 끝나고 남는 건 기억, 기록(사진, 글, 영상)이었다. 기억은 잊어버리기 쉽지만 기록은 의도적으로 없애지 않는 이상 사라지지 않는다.	

꽃친 전후의 쉼에 대한 생각의 변화도 꽃친 참여 청소년들에게 물어보았다. 꽃치녀들은 '쉼'에 대한 개념과 이해가 넓어졌다는 이야기를 가장 많이 했다. 그냥 무작정 스마트폰 하고, 잠 많이 자고 하면 쉬는 거라고 생각했는데, 쉼은 좀 더 복합적이고 주관적인 것이라는 것을 알게 되었다고 대답했다. 그리고 쉼이라는 것은 꼭 필요하고 좋은 것이라는 생각을 갖게 되었다고 했다. **쉼 자체를 무언가를 위한 도구로 여겼던 생각도 변하게 되었다고 응답했다.**

[표 2-42] 〈청소년〉 꽃친을 하기 전과 후, 쉼에 대한 생각이 달라진 것이 있다면?

쉼에 대한 의미 확장(12명)		
쉼이 무작정 아무것도 안 하는 거라고 생각했는데 꽃친을 하면서 쉼에서 얻을 것이 많다는 생각을 했다.	그저 가만히 집에서 쉬는 것이 쉼이 아니라 내가 좋아하고 하고 싶은 것을 하는 것도 쉼이다.	스마트폰을 하고 잠만 자는 건 쉼이 아니라는 것. 진정한 쉼은 (개인적인 기준) 보고 듣고 경험하고 나누면서 더욱 크게 느낄 수 있다는 것. 쉼 안에서도 배울 것이 있다는 것.

쉼의 필요성(7명)		
사람은 쉼이 꼭 필요하고 쉬었다고 해서 늦고 뒤처지는 게 아니라는 것을 깨달았다.	멍 때리기는 필요하다.	쉼이 더 쉬워졌다. 쉼은 자격이 있거나 특별한 사람들만 온전히 누릴 수 있는 것이라고 생각했는데 누구나 쉼이 필요하고 각자만의 쉼이 있을 수 있다는 것을 느낀다.
남들과 같은 길을 걸어가야 한다는 생각을 내려놓고 잠시 쉼을 갖는 것은 좋은 선택이자 필요이다.	꼭 1년 만의 쉼이 아니라 언제든 쉼은 살면서 자주 필요하다고 생각한다.	

쉼에 대한 생각 기타

꽃친을 하기 전, 나에게 쉼은 '물리쳐야 하는 유혹'에 가까웠다.
'얼마나 쉼 없이 열심히 공부하느냐'가 좋은 학생과 나쁜 학생을 규정하는 척도가 되어 버린 한국 사회에서, 학교는 쉼의 가치에 대해 거의 이야기하지 않는다.
그래서 쉼은 편안함과 동시에 항상 불안과 죄책감을 안겨주었다.
그런 죄책감을 떨쳐내려면 쉴 '구실'이 필요했고, '할 일을 더 잘하기 위해 에너지를 재충전한다'는 게 내가 쉼을 정당화하는 말이었다.
하지만 꽃친을 한 후, 쉬는 시간은 그 자체로 의미가 있다는 걸 알게 되었다.
쉼을 더 이상 '어떤 목적을 달성하기 위한 도구'로 보지 않고 쉬는 것 자체에 의미를 두게 되었다. 비록 쉴 때의 불안감은 여전히 남아 있지만 쉼의 가치를 경험했기에, 그 불안감에 압도되거나 매몰되지는 않는다.

부정적 의견(2명)

쉼이 무조건 좋은 게 아닌 것 같다.
쉼이 필요한 사람들도 있지만 너무 오래 지속되면 다시 일어서기 좀 힘들다.

꽃치녀들은 청소년기에 갖는 1년간의 쉼에 대해, 응답자의 56.7%가 '나에게 도움이 되었고, 다른 청소년들에게도 추천한다'라고 응답했다. '나에게는 도움이 되었지만, 다른 청소년들에게는 맞지 않을 수도 있다'도 33.3%가 있었다. '나에게 도움이 되었다'가 총 90.0%인 것이다.

앞에서도 전체 응답 학생의 5(매우만족):4(대체로 만족):1(다소 불만족) 구조가 확인되었는데, 여기서도 마찬가지였다. '나에게는 도움이 되지 않았지만, 누군가에게는 유용할 수도 있다'가 10.0%였다.

[표 2-43] 청소년기에 갖는 1년간의 쉼(Gap Year)에 대해 어떻게 생각하나요?

	빈도	퍼센트
나에게 도움이 되었고 다른 청소년들에게도 추천한다.	17	56.7
나에게 도움이 되었지만 다른 청소년들에게는 맞지 않을 수도 있다.	10	33.3
나에게는 도움이 되지 않았지만 누군가에게는 유용할 수도 있다.	3	10.0
나에게 도움이 되지 않았고 다른 청소년들에게도 유용할 것 같지 않다.	0	0
합계	30	100.0

이 질문에 대한 교차분석에서 '1년 간의 쉼을 추천하는지'에 따라 다양한 응답에서 차이가 보였다. '나에게 도움이 되었고 다른 청소년들에게도 추천한다'고 응답한 청소년들이 '나에게는 도움이 되지 않았지만 누군가에는 유용할 수도 있다'라는 응답보다 여행유희 성장 점수, 전체 만족도, 꽃친 모임 만족도, 교사 관계 만족도, 친구관계 만족도에서 높은 점수를 보였다(자기탐구, 봉사활동, 관계형성 성장 점수에서는 차이가 없음).

[표 2-44] 〈청소년〉 1년간의 쉼을 추천하는 응답과 전체만족도   (N=30)

1년의 쉼 추천	전체만족도(10점 만점)					
	n	평균	표준편차	F	p	scheffe
나에게 도움이 되었고 다른 청소년들에게도 추천한다.[a]	17	8.90	0.78	14.109	.000***	a>c
나에게 도움이 되었지만 다른 청소년들에게는 맞지 않을 수도 있다.[b]	0	8.10	1.37			
나에게는 도움이 되지 않았지만 누군가에게는 유용할 수도 있다.[c]	3	5.33	1.52			

*p〈.05, **p〈.01, ***p〈.001

15. 〈꽃다운친구들〉의 아쉬운 점, 또는 제안할 점은? (서술형)

꽃친의 아쉬운 점, 또는 제안할 점에 대해서는, 부모들은 '모임 시간의 확대'(주2회→ 주3회), '꽃친 이후 진로에 대한 더 적극적인 도움', '참여 인원의 확대'와 '꽃친의 활성화'(좀 더 많은 이들이 경험해 봤으면), '꽃친의 방향성에 대한 고민(참여 그룹에 홈스쿨러 등의 증가)', '선생님들의 소진 걱정과 남자 교사의 부족 문제', '꽃친 이후의 지속적인 관계 연결' 등의 다양한 의견들을 제시하였다.

청소년들 역시 '좀 더 많이 만날 수 있으면 좋겠다'는 의견(1년 더 할 수 있게 해달라는 의견도 있었음), '좀 더 활동적인 프로그램의 업그레이드', '꽃친 이후의 지속적인 만남(애프터 꽃친 모임)'이 있었으면 좋겠다는 의견도 있었다.

그러나 이러한 제안들은 다 딜레마적 성격을 가지고 있다.

'모임 시간 확대'나 '진로에 대한 적극적 도움' 등의 이슈에서는 '쉼과 여백을 강조하는 정체성 위에 어느 정도 학생들의 삶에 교육적 개입을 할 것인가?' 하는 고민이 들 수 있고, '홈스쿨링이나 대안학교 출신들의 참여 비율이 높아지는 것'에 대해서는 그 의미 해석을 어떻게 할 것인지에 대해 고민이 될 수 있다. '공교육 경험 학생들과 서로 시너지를 낼 수 있는 긍정적인 요소로 볼 것인지? 본래 정체성과 달라지고 있는 정체성의 위기 요인으로 볼 것인지?'에 따라 해석이 달라진다. '전자로 본다면, 어느 정도 규모의 학생들 비율이 함께 하는 것이 적정한지?' 등의 고민이 발생하게 된다.

그리고 이 모든 질문들에 대답하고자 할 때, '꽃친이 지속 가능하기 위해, 더 많은 이들에게 알려지고, 더 많은 이들이 참여할 수 있게 하는 것'과 '꽃친의 정체성을 지키는 것' 사이의 딜레마도 발생할 수 있다.

[표 2-45] 〈부모〉 꽃친에 대한 아쉬운 점 또는 제안하실 내용을 자유롭게 적어 주세요.

모임 시간 확대(6명)		
주 3회 활동은 어떨지? 활동마다 좀 더 심도 있게 진행되었으면 하는 바람이 있다.		
참여 인원의 확대(3명)		
참여 인원이 더 많아지길	또래 아이 수가 적다 보니 다양한 친구를 사귀는 데 한계가 있었다.	조금 더 많은 아이들이 꽃친을 경험해 봤으면 좋겠습니다.
꽃친 활성화(3명)		
꽃친에게 아쉬운 것보다는 꽃친의 좋은 운동을 사회와 이웃이 많이 공감하지 못함이 아쉽네요. 더 많은 사람들이 공감하고 함께할 수 있도록 다양한 방법으로 알리는 일들을 지금보다 더욱 적극적으로 하면 좋을 것 같네요.		저희는 너무 좋았지만 이러한 시도가 아직 소수의 용기 있는 사람들의 결정이라는 점이 여전히 아쉬워요.
꽃친 교사(5명)		
남자 선생님들이 좀 더 계셨으면 하고 많이 동참하셨으면 해요. 어쩐지 보조역할 같은 느낌도 받았답니다.		선생님들이 소진되실까 봐 좀 걱정스럽긴 했습니다.

꽃치녀들과의 관계(3명)

꽃친을 마친 친구들이 그 이후에도 그 관계를 이어갈 수 있었으면 좋겠는데 쉽지는 않겠지요.

부모모임 관련(2명)

(꽃친의 핵심은 아니지만) 부모 간 후속 교류/유대감을 어떻게 잘 이어갈지?
서로 지속적으로 격려하고 북돋는 모임으로 이어지기를 희망합니다.

꽃친 프로그램 및 꽃친 참여 대상과 관련해 나아갈 방향(7명)

구체적 방법은 고민해야겠고 쉬운 일이 아니지만 좀 더 날나리(?)적이 되었으면 싶습니다. 성인이 된 아이가 돌아보는 새로운 관점은 '정답이 있는 꽃친 생활'에 대한 부담이라고 합니다. 꽃친 모임이든 부모 모임이든 보이지 않는 바른 틀에 대한 보이지 않는 압박 같은 것이 있었던 것 같은데 꽃친의 지평을 넓히기 위해서 고민해 볼 부분이라고 생각합니다.	꽃친 이후의 진로를 꽃친에서 조금만 더 일찍 준비해서 지도해 주시면 부모들이 더 많은 도움을 얻을 수 있을 것 같습니다. 꽃친 이후 진로 문제에 봉착하면 자칫 꽃친을 들어가기 이전 상황으로 되돌아갈 수 있지 않나 싶습니다.
기존 공교육과 사교육에 지친 친구들에게 꽃친이 더 의미가 있다는 생각이 들어요. 홈스쿨링을 했던 친구들과 대안학교 친구들은 덜 치열한 삶을 살았을 거라는 생각이 제 오류일 수 있으나 꽃치녀들 사이에 공감대 형성에 있어 좀 어려움이 있지 않았나라는 생각이 듭니다.	자율 가운데도 질서가 잘 정착되는 문화 (예:모임 약속 시간 지키기)

[표 2-46] 〈청소년〉 꽃친에 대한 아쉬운 점 또는 제안하실 내용을 자유롭게 적어 주세요.

모임 시간 확대(5명)

많이 못 만나는 것이 아쉬웠고 일주일에 3번 만났으면 좋겠다.

시간 및 장소에 대한 의견(2명)

모임 장소가 너무 멀었다.

꽃친 프로그램 관련(5명)

꽃친에 오지 않는 시간에 대한 이야기(지내는 방법 공유, 알차게 보내는 방법, 자신을 위한 시간 투자 등)가 조금 더 활발히 공유되고 이야기되면 더 알차게 시간을 쓸 수 있을 것 같다.	야외 활동을 더욱 많이 한다면 좋을 것 같다.

지속적인 만남 및 소통(3명)

프로그램 자체에 대해 구체적으로 제안할 내용은 떠오르지 않습니다. 하지만 꽃친이라는 커뮤니티와 조금 더 지속적으로 (온라인상에서라도) 소통하고 싶다는 개인적인 바람은 있습니다.	꽃친이 끝난 후에도 관계가 잘 이어졌으면 좋겠다.
저는 꽃친에서의 경험을 소중하게 여기고 있고 어떤 형태로든 계속해서 이 공동체에 참여하길 원하지만 그럴 기회가 많지 않고, 제가 꽃치녀로 참여했던 해 이후에 꽃친이 어떻게 나아가고 있는지 알기 어려워 조금 아쉽습니다.	한 번 더 할 수 있게 해 주세요.

교사 관계(2명)	
친구들과의 관계는 깊었지만 선생님들과 더 많은 시간을 보내지 못했던 게 아쉽다. (물론 선생님들과도 좋은 시간을 많이 보냈지만 다시 돌아간다면 선생님들한테 더 많은 얘기를 꺼낼 것 같다.)	친구들과의 관계에서 선생님들의 개입

• 제안사항들에 대한 부모 간담회 피드백

실태조사에서 나온 다양한 데이터들에 대한 해석이 적절했는지를 묻고, 주관식 제안사항들이 전체의 공감대를 얻고 있는 요청들인지를 확인하는 부모 간담회가 2020년 9월 5일 온라인 플랫폼에서 열렸다.

부모, 청소년 모두에서 모임 횟수를 증가시켜 달라는 제안 요청들이 있었으나, 부모 간담회에서 몇몇 부모들은 주 3일로 늘리는 것이 '꽃친다움'(쉼을 강조하는 모임 성격)을 해치는 것으로 인식하기도 하였다. 앞에서 언급한 것처럼 '좀 더 적극적인 교육적 개입'과 '쉼과 자발성 추구'는 충돌하는 가치가 되고 있어서, 앞으로 꽃친 교사들이 그 균형점을 잡는 것에 대해 더 고민이 필요한 것으로 보인다.

또한 '먼 이동 거리' 문제에 대해서도 부모들은 처음에는 자녀들이 그것 때문에 힘들어하기도 하였으나, 혼자서 먼 거리를 이동해 보는 경험의 긍정적인 면에 대해 언급하기도 하였다. 꽃친 장소의 고정화는 모임에 '안정성'을 주지만, '유연성'을 떨어뜨리는 요소가 될 수도 있다는 의견도 있었다.

홈스쿨링을 하던 청소년들 참여 문제에 대해서, 해당 부모들은 '홈스쿨'도 그 아이들에게는 또 하나의 학교적 성격(?)을 띠고 있었을 수 있으며, 그 '가정학교'에서 벗어나 새로운 1년을 보내는 것이 아이들에게 교육적 의미가 컸다고 말했다. 또한 홈스쿨 가정의 큰 고민이 '사춘기'인데, 그것을 넘어가는 데 꽃친 참여가 큰 도움을 주었다고 말하기도 했다. 꽃친은 홈스쿨 가정들에게도 필요한 모임임에는 틀림없지만, 전체 기수 구성원에서 어느 정도 비율까지를 홈스쿨 가정들이 참여하게 할 것인가에 대해서는 향후에도 고민이 필요해 보인다.

꽃친 이후 팔로업 네트워크에 대한 요구사항도 많은데, 가능하다면 교사들이 1~2년에 1번 정도 꽃친을 경험한 청소년과 가족 전체가 참여하는 캠프 같은 걸 해서, 꽃친의 의미를 지속적으로 유지할 수 있도록 도와주고, 동행자 네트워크로 계속 참여할 수 있도록 도와줘도 좋을 것 같다.

마지막으로 부모들은 아쉬운 것이 있다면, 이 좋은 프로그램이 더 많은 가정들에게 알려지고, 경험되기를 바란다고 말했다. 지금 이상의 홍보를 어떻게 해야 할지 모르겠지만, 꽃친의 가치를 널리 알리고 많은 이들에게 관심을 환기시키는 일은 지속적으로 고민되어야 할 부분으로 보인다.

나가는 말

자기만의 걸음으로 걷고 싶은 청소년들의 1년짜리 방학, '꽃다운친구들'은 그 시도 자체로 의미가 있다. 꽃친은 입시경쟁 속에서 '미소'와 '자기다움'을 잃어버린 오늘날 한국 청소년들이 처한 현실에 대한 저항이며, 해독제다. 충분한 쉼은 우리 아이들에게 쌓여 있던 모든 독소를 빼내고, 다시 자기다움으로 꽃피우게 한다. 따라서 꽃친은 '또 하나의 교육'이라기보다, '청소년 복지'적인 성격을 가지고 있기도 하다. 그런 의미에서 다른 청소년 갭이어들과 달리, 비전일제(주 2일)로 운영되며, 교과학습이 없는 모델로 운영되고 있다.

그러나 꽃친의 쉼은 단지 육체적 쉼 자체에 그치지 않는다. '고등학자 프로그램'(연구하는 고등학생)에 참가했던 꽃치녀들은 스스로 연구하여 결론 내리기를 청소년들에게 필요한 쉼은 '물리적 쉼'을 넘어 '심리적 쉼'까지 이어져야 한다고 하였다. 영성 신학자 마르바 던(Marva. J. Down)도 '안식'의 의미를 그침(ceasing)과 쉼(resting)을 넘어, 받아들임(embracing)과 향연(feasting)에 이르는 것이라고 이야기하였는데, '쉼'을 온진히 누리는 시간 1년은 신짜 아이들과 그 부모들의 삶을 축제로 바꾸어 놓는다.

그러나 이렇게 멈춰서는 일은 결코 쉽지 않다. 혼자서는 정말 하기 힘든 일이기에, 함께할 공동체가 필요하다. 꽃친은 그런 의미에서 이러한 쉼을 실천하고자 하는 가족들의 연대적 성격을 가지고 있다. 다른 청소년 갭이어들과 꽃친의 결정적 차이점은 '가정이 강조되는 가족 동행 모델'이라는 것이다. 청소년들의 쉼을 보장하는 일에 가장 중요한 영향력을 가진 이들이 부모들이라는 점에서 이는 너무나 당연한 귀결이다.

1차 실태조사 보고서에서 언급한 것처럼, 그런 의미에서 꽃친은 스스로를 '1년짜리 방학을 선택한 청소년과 그 가족의 모임'(가족 동행 프로그램), '온 가족이 동행하는 방학'이라고 정의하기도 하였다. 부모들은 함께 하기에 '멈출 수 있는 용기'를 내고, '불안을 거스르는 의연함'을 체화해 간다. 꽃친 부모 모임이 이 과정에서 아주 중요한 역할을 하고 있다.

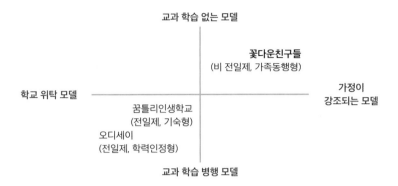

[그림 2-1] 청소년 갭이어 모델의 유형 분류

교과 학습 없는 모델

꽃다운친구들
(비 전일제, 가족동행형)

학교 위탁 모델 ──────────────────── 가정이
강조되는 모델

꿈틀리인생학교
(전일제, 기숙형)
오디세이
(전일제, 학력인정형)

교과 학습 병행 모델

　　이 모든 것을 가능하게 하는 중요한 힘은 교사들로부터 나온다. 꽃친 교사들은 학생들을 존중하고 배려하며, 칭찬하고 피드백한다. 허용적인 분위기에서 아이들이 스스로 할 수 있도록 자발성을 촉진한다. 아이들이 꽃다운친구들에서 얻는 것 중 하나가 바로 '자발성'이다. 모임 초반에는 여행 계획을 짜 보라고 하면 "선생님이 정해 주시면 안 돼요?" 하던 아이들이, 모임 후반에는 스스로 하고 싶은 일을 찾고 계획을 한다고 한다. 늘 선생님이나 부모의 선택을 따르던 아이들이 1년간의 방학으로 '자기 주도성'을 찾게 된 것이다.

　　연구의 타당성을 위한 부모 간담회에서 부모들은 꽃친을 꽃친답게 하는 것은 '어떤 커리큘럼'이 아니고, '교사들의 진정성'이라고 말했다. 청소년들이 이런 쉼을 경험하게 되는 데에는 '선생님의 역할'이 절대적이라는 것이다. 2차 실태조사에서 부모와 청소년들 모두 '교사와의 관계 만족도'가 제일 높게 나온 것은 그런 현실을 드러내 보여주고 있는 통계라고 할 수 있다.

아이들은 이러한 꽃친의 '쉼'에 대한 철학과, 그것을 공유하는 부모와 교사들이라는 모판 위에서 '자기다움'과 '자기 주도성', '좋은 친구 관계'를 꽃피운다. 자기 자신에 대한 이해가 넓어지고, 타인에 대한 포용성도 넓어진다. 나다움을 키우면서, 친구들과 함께 어우러지는 것이다. 그래서 어떤 아이들은 꽃친에서 '나랑 너무 잘 맞는 평친(평생친구)을 만났다'고 고백하기도 하고, '나랑 성향이 다른 친구들과 관계하는 법을 배웠다'고 말하기도 한다. 아이들은 꽃친을 '평생에 잊을 수 없는 특별한 경험을 했던 시간'이었다고 고백한다.

그러나 어떤 아이들에게는 마냥 행복하지만은 않은 시간일 수도 있다. 어떤 학생은 1년 내내 힘들어하다가 방학이 끝난 아이들도 있다. 그것이 치유되지 않은 개인적 상처 때문일 수도 있고, 성향 차이로 인한 관계적 갈등 때문일 수도 있다. 또 어떤 아이는 꽃친 모임의 성격이 꼭 필요하지는 않았던 상황이어서 그랬을 수도 있고, 기수에서 마음을 같이 할 친구를 잘 못 찾았을 수도 있다. 아이들의 다양한 색깔만큼, 꽃친도 다양한 빛깔로 경험할 수 있는 것이다. 그러나 어떤 경험이었든 이 1년은 그 자체로 의미가 있었을 것이라고 믿는다. 확신하건대, 시간이 지날수록 이 1년의 경험에 대한 해석은 바뀌어 갈 것이다. 3년 종단 연구로 그것을 다 밝혀내기에는 한계가 있지만, 아이들이 대학을 가고, 직장에 가고, 결혼을 하여 부모가 되면, 이 시간은 또 다르게 해석될 수 있으리라 생각한다. 바라기는 '생각할수록 감사한 시간'이라는 고백이 있게 되기를 소망한다.

'꽃친의 지속가능성'과 '꽃친의 사회적 파급력'은 중요하다. 앞으로도 꽃친은 지속될 수 있어야 하고, 사회적인 파급력이 더 생기게 되기를 기대한다. 그러나 학령 인구의 감소와 코로나 여파 등으로 꽃친의 학생 모집도 매년 쉽지만은 않은 일이 되고 있다. 다른 청소년 갭이어 중 한 곳은 인원 모집의 어려움으로 현재 몇 년째 중단되어 있기도 하다. 또 초창기의 기대와는 달리 청소년 갭이어들이 폭발적으로 확장되고 있지도 않다. 꽃친의 지속가능성과 사회적 파급력을 위해 지금 해야 할 일은 무엇인지 고민이 된다. 부디 이번 종단 연구의 다양한 결론과 함의들이 '꽃친과 청소년 갭이어 운동의 활성화'에 도움을 줄 수 있기를 기대한다. 그런 마음을 담아 마지막으로 연구 타당성 검증을 위한 부모 간담회에서 나왔던 한 부모의 이야기로 글을 마무리할까 한다.

> "꽃친은 이제 시작한 지 겨우 5년이 지난 초기 단계예요. 부족한 면이 있을 수 있으나 성숙해져 가는 과정이라고 생각합니다. 새로운 패러다임을 제시하고 구현하고 있는 꽃친을 기존의 사회 통념으로 평가하는 우를 범하지 않았으면 좋겠어요. 그런 외부의 시선들이 교사들의 진정성을 소진시킬까 걱정이 됩니다. 작은 실험적 시도들을 더 세워줬으면 좋겠어요. 그리고 꽃친이 던진 작은 돌이 우리 사회에 파동을 일으키기를 바랍니다." (2020. 09. 05. 부모 간담회)

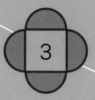

3

청소년들이 경험한 쉼의 의미와 성과에 대한

생
애
사
연
구

꽃친에서는 아이들이 쉬면서 충분히 어떤 중압감에 눌리지 않고. 어떤 편견도 없이 그냥

뛰어놀고 또 배우고 또 그 안에서 관계를 맺고 갈등을 해결하고 그러면서

그냥 얘는 자기를 발견하는 것 같아요.

〈꽃다운친구들〉 참여 부모(F모)

03

청소년들이 경험한 쉼의 의미와 성과에 대한 생애사 연구[1]

들어가는 말

근면과 성실은 우리 민족이 지닌 특성이자 장점이다. 한 세기가 지나기 전에 국가의 경제적 수준이 우리나라처럼 급속도로 성장한 나라를 찾기는 쉽지 않다. 이는 우리 민족이 쉼 없이 열심히 일한 결과이기도 하다. 어느 정도 경제 수준이 향상된 지금까지도 우리나라 국민의 노동시간은 세계에서 최장 수준에 속한다. 근면 성실을 중시하는 사회적 분위기는 청소년들의 교육현장에서도 그대로 적용된다. 아니 오히려 더

---

1) 이 글은 한국교육개발원에서 발간하는 『한국교육』 48(1)(2021. 04. 출판)에 게재되었던 것임을 밝힘.

강조되는 경향이 있다. 근면이나 성실은 우리나라 학교들의 교훈에 가장 빈번하게 사용되는 단어들이기도 하다(한기봉, 2018). 근면과 성실은 나이에 관계없이 우리 모두에게 가치 있는 덕목임에 틀림없다.

그러나 이러한 덕목들도 자기성찰 없이 그저 과도하게 시행되거나 혹은 타율적으로 강제된다면 부정적인 결과를 낳게 될 것이다. 즉. 과다한 시간의 노동은 몸을 혹사시켜 노동의 지속가능성을 상실하게 한다. 일하는 이의 자발성이 결여된 채 외부의 규범이나 명령에 의해서만 일을 한다면 그 노동은 자기소외를 가져올 수도 있다. 그리고 지향하는 목적과 방향이 불분명한 상황에서 수행하는 노동은 경우에 따라 무의미한 헛수고가 될 수도 있다. 이처럼 사색과 성찰의 여유 없이 과도한 노동, 혹 활동에 짓눌려 살아가는 현대인들은 시간의 방향과 리듬을 잃어버린 삶을 살아가고 있다(한병철, 2013).

많은 현대인들이 분주한 활동 중심의 삶으로 피로한 생활을 하고 있지만 그 중에서도 대표적으로 한국의 청소년들이 그러하다. 그들은 지나칠 정도로 과도한 공부의 양과 시간으로 인해 여가 시간의 결핍과 수면 부족에 시달리고 있다(김영지 외, 2016). 그들 역시 부지런히 공부라는 노동을 하며 앞을 향하여 달려가지만 삶의 방향과 리듬을 잃은 채 불안하고 피로하기는 마찬가지이다. 성실은 분명히 가치 있는 덕목이다. 노동 역시 인간다움을 드러내는 삶의 중요한 부분이다. 그러므로 성실한 노동의 결과가 방향을 잃은 채 무미건조한 '피로인생'으로 귀착되어서는 안 된다.

더구나 꿈과 희망을 품고 미래를 살아가야 할 청소년들에게는 더욱 그러하다. 노동이 성실의 한도를 넘어 과도하게 되지 않고 노동 자체가 의미 있는 활동으로 우리의 삶에 자리 잡도록 하기 위해서는 쉼이 절대적으로 필요하다. 쉼은 여유로움 가운데 사색과 성찰을 가능하게 하여 잃어버린 시간의 리듬을 되찾게 하고 인생에 향기가 나게 한다(한병철, 2012).

인간의 삶에서 쉼 혹은 여가의 중요성에 대해서는 오래전 고대 그리스 시대 이전부터 철학적, 종교적인 면에서 강조되어 왔다. 고대 그리스 시대 아리스토텔레스는 쉼 혹은 여가(Schole)를 통해서만 진리 탐구에 이른다고 하였다. 이스라엘의 구약성서에는 일주일 가운데 하루를 쉬는 것이 신의 명령으로 주어질 만큼 쉼은 중요하게 다루어져 왔다. 쉼은 사람들 모두에게 필요하지만 특히 신체적, 정신적 성장기에 있는 청소년들에게는 더욱 중요하다. 그래서 청소년기의 쉼의 중요성과 쉼의 교육적 의미에 대해서는 이론적 논의(김인, 2016; 조영태, 2017)뿐 아니라 제도적 실천들도 있어 왔다. 실제로 유럽의 여러 나라들에서 시행되는 〈애프터스콜레〉(Efterskole), 〈전환학년제〉(Transition Year), 〈갭이어〉(Gap Year) 등은 청소년기의 학생들에게 1~2년 동안 쉼과 자기 탐색의 기회를 주기 위해 만들어진 제도들이다.

우리나라 역시 2016년 이후부터 〈자유학기제〉(또는 자유학년제)란 이름으로 비슷한 정책을 중학교에서 전면적으로 시행하고 있다. 그러나 우리나라에서 시행되는 자유학기제는 명분에서는 유럽의 제도들과 유사하지만 실제적인 면에서는 그 의도가 잘 지켜지는지 의문이 든다. 쉼을 기반으로 진로 적성 탐색을 목표로 삼는 자유학기제가 성공하기 위해서는 쉼의 중요성과 교육적 의미에 대한 이해와 확신이 전제되어야 한다. 여전히 우리 사회의 주류적 분위기는 쉼 없이 빨리 달려 경쟁에서

이기는 것을 성공적 삶으로 보는 경향이 있다. 이런 상황 속에서도 민간과 지자체 차원에서는 2016년부터 덴마크의 애프터스콜레와 유사한 학교들을 우리나라에 설립하여 운영하고 있다. 이 학교들은 청소년들의 쉼의 중요성과 그들의 주체성 확립의 가능성을 실증적으로 보여주고 있다. 이러한 학교와 제도에 대한 소개와 연구는 쉼의 중요성과 교육적 성과에 대한 이해를 넓혀주는 데 기여한다(강영택, 2018; 이수진·정신실, 2019; 정병오·김경옥, 2019).

그러나 이러한 실증적 연구가 매우 제한적이어서 여전히 이에 대한 본격적인 연구를 필요로 하고 있다. 이런 상황에서 우리에게 필요한 연구는 쉼이 우리나라 청소년들에게 어떻게 경험되며 어떤 의미를 갖는지를 알아보는 일이다. 철학자들과 교육학자들에 의해 이론적으로 논의되었던 내용들이 과연 우리의 현실에서 타당한지 살펴보아야 한다. 그래서 만약 쉼의 중요성이 이론적으로나 실제에서도 확인이 된다면 정책당국을 포함한 우리 사회는 보다 적극적으로 쉼을 청소년들에게 제공하기 위해 노력해야 할 것이다.

본 장에서는 청소년기에 있는 이들이 특별하게 경험한 쉼의 의미와 성과에 대해 살펴보고자 한다. 여기서 쉼을 특별하게 경험했다는 것은 쉼을 양적으로나 질적으로 충분히 향유했음을 의미한다. 그런데 우리나라에서 학교를 다니는 청소년들이 이러한 쉼을 경험하기는 쉽지 않다. 그래서 다소 급진적으로 학교의 틀을 벗어나 1년 동안 쉼을 추구하도록 기획된 〈꽃다운친구들〉(이하 〈꽃친〉)이란 모임에 참여한 이들의 이야기가 도움이 되리라 생각한다. 그 모임의 모토가 '1년간의 방학을 즐겁게 보내기'이므로 꽃친 참여자들의 쉼 관련 경험에 대한 이 연구는 우리나라 청소년들이 경험한 쉼에 대한 실제적인 연구가 될 것이다. 고등학교 1학년 정도 나이에 공부 대신 쉼을 선택한 청소년들의 쉼과 관련된 경험을 탐구하는 일은 쉼이 갖는 중요성, 의미, 성과 등을 밝혀내는 데 중요한 기여를 하리라 보인다.

이런 목적을 위해 꽃친에 참여했던 청소년 6명을 대상으로 생애사 연구를 하고자 한다. 모임 참여자들에 대한 생애사 연구는 청소년들이 쉼을 어떻게 경험했는지, 그들이 경험한 쉼이 그들의 생애에서 어떤 의미와 성과가 있었는지를 보여줄 것이다. 생애사 연구는 그들이 경험하는 쉼의 의미가 사회적 시대적 맥락에서 어떻게 이해되는지를 중요하게 본다. 연구참여자들을 모두 꽃친을 1~3년 전에 졸업한 이들로 선정했다. 이유는 꽃친 참여 중에 경험한 쉼의 영향력이 그 이후에도 어떻게 지속되는지를 알기 위해서이다. 따라서 청소년들의 경험을 분석함으로 쉼의 다양한 속성들을 밝혀낼 수 있기를 기대한다.

그러나 본 연구의 목적이 쉼의 의미와 성과에 대한 일반적 이론화 작업에 있지 않기 때문에 질적연구가 추구하는 바에 충실하고자 한다. 대신 6명의 연구참여자들의 쉼 경험을 중요한 요소로 하는 그들의 생애를 탐구하여 그들이 경험한 쉼의 의미와 영향력을 이해하고자 한다. 그래서 우리나라 청소년들이 충분한 쉼을 누리고 그로 말미암아 사색과 성찰을 통해 내면이 성숙해 가는 데 기여할 수 있기를 기대한다. 이러한 연구목적을 위해 다음과 같이 문제를 설정하였다.

1. 연구 참여자들은 꽃친 참여 1년 동안 쉼과 관련하여 무엇을 경험하였는가? 그 경험은 꽃친 참여 전 생애에서의 경험과 어떤 유사

성과 차이점이 있는가?

2. 참여자들이 경험한 쉼이 갖는 의미와 교육적 성과는 무엇이었나?
   그 의미와 성과는 꽃친 참여 2~3년이 지나는 동안 어떤 변화가
   있는가?

1. 쉼에 대한 이론적 고찰

노동이 인류의 역사와 함께 시작되었다면 쉼 역시 그러할 것이다.
쉼 혹은 여가(leisure)에 대한 강조나 체계적 논의는 오래전 고대 그리
스 시대로까지 거슬러 올라간다. 오늘날 현대인들이 사유하는 여가/쉼
에 대한 철학적 이해의 기초를 놓은 사람은 아리스토텔레스였다. 그는
인간의 개인적 삶이나 국가의 통치가 바람직하게 되기 위해서는 여가가
필수적이라고 했다. 그는 그의 저서 『정치학』(Politics)에서 여가가 삶
에서 차지하는 중요성을 다음과 같이 진술했다.

> 삶 전체도 노동(ascholia)과 여가(scholē), 전쟁과 평화로 양분된
> 다. 행위 역시 유용한 것과 고상한 것으로 나뉜다. […] 평화를 위해
> 전쟁을, 여가를 위해 노동을, 훌륭한 것을 위해 필요한 것이나 유용
> 한 것을 선택해야 한다. (91Aristotle(1931), 1333a30-36)

그에 따르면 우리의 삶이란 노동과 여가로 구성되는데 여가가 노
동을 위해 존재하는 것이 아니라 노동이 여가를 위해 존재한다는 것

이다. 당시에는 현대와 달리 일/노동이 우리 삶의 중심이 아니라 여가 (schole)가 중심이었다. 여기서 여가란 필요한 것을 얻기 위해 하는 활동인 노동과 대조되는 개념이지만 그렇다고 어떤 활동도 하지 않는 정지의 상태도 아니다. 여가는 다른 무언가를 얻기 위한 것이 아니라 활동 그 자체를 위한 활동이고, 유용성과는 별도로, 가장 즐거운 활동이며 행복과 복된 삶을 보장하는 활동이다. 이런 여가의 바람직한 활용의 예로 아리스토텔레스는 음악과 사색 그리고 관조 등을 제시한다. 특히 관조는 아리스토텔레스에게 인간 삶의 최고 수준이다. 그래서 우리가 최선의 삶을 살기 위해서는 관조가 중심이 되는 여가가 반드시 필요하다고 한다.

아리스토텔레스는 관조란 진리를 탐구하는 활동 그 자체이며 다른 무언가를 얻기 위한 것이 아니라고 한다. 인간이 관조적 삶을 살 수 있는 근거는 인간 속에 신적 요소인 지성이 있기 때문이라고 한다. 아리스토텔레스는 관조적 삶을 달리 철학적 삶이라 표현하기도 했다. 그래서 시민이 여가를 선용하는 행복한 삶을 살기 위해서는 철학교육이 필요하다고 말한다(장영란, 2016:282-283).

아리스토텔레스의 여가에 대한 사상을 계승하면서 현대사회 상황에서 여가를 심도 깊게 논의한 사람은 독일의 철학자 조셉 피이퍼 (Josep Pieper)이다. 그는 쉼과 밀접한 관련성을 가진 '여가' 의미를 탐구하면서 고대 그리스에서 사용되었던 schole(여가)의 개념을 가져왔다. 그는 여가를 주말이나 휴가, 여유시간 같은 외적 요인들의 결과물로 보지 않았고, '정신의 태도'와 '영혼의 조건'으로 보았다. 다시 말하면 여가는 "단순히 신체적 활동의 중지가 아니라 정신의 특정한 조건에 가까운데 이는 집착이 없는 내적 상태이며, 잠잠하여 사물의 본질에 다가가는 능력"으로 특징지어진다고 한다(Pieper, 1998:31).

피이퍼는 현대 사회에 필요한 여가의 개념을 분명하게 하기 위하여 여가와 대립되는 현대 사회에서의 노동의 특징과 대비시켰다. 노동의 특징과 대립되는 여가의 세 가지 특성을 설명함으로 여가의 의미를 더 분명하게 드러내었다(Pieper, 1998). 첫째, 여가는 '활동으로서의 분주한 노동'과 반대되는 개념으로, '평온', '비움', '수용'이 중요하다. 둘째, 여가는 '고통으로서의 노동'의 반대되는 개념으로, '경축'(celebration), '축제'의 개념이 강조된다. 셋째, 여가는 '사회적 기능으로서의 노동'과 반대되는 개념으로, '그자체로 경험되어야 할 삶의 중요한 본질'이자, '사람이 자기 존재 자체에 가까이 가는 길'이라 했다. 피이퍼의 이러한 여가에 대한 관점을 받아들인다면 진정한 쉼은 무엇을 위한 수단이 아니라, 그 자체를 누려야 하는 삶의 본질이라 할 수 있다. 그래서 쉼을 충분히 향유할 때 인간은 비로소 기능적 존재로서의 자아를 넘어서 총체적 존재로서의 인간다움을 갖출 수 있게 된다고 할 수 있다.

재독 철학자 한병철(2012; 2013)은 현대사회의 심각한 병폐의 원인이 쉼의 결핍과 연관성이 있음을 논하였다. 그는 현대사회가 사색적/성찰적 삶의 시대가 끝나고 활동적 삶의 시대로 진입한 지 오랜 세월이 지났다고 단정한다. 즉, 현대인들은 일/노동이 우리 삶의 중심이 되어 있는 삶을 살고 있다고 한다. 그래서 일을 쉬는 휴식 시간에도 다음 일을 준비하는 일을 하는 것이 전형적인 현대인의 삶의 모습이라고 한다. 일 중심의 사회에서 우리 모두는 목표를 달성해야만 하는 성과주의의 늪에 빠져 허우적거리게 된다. 그래서 우리 사회는 모두가 피곤해하는

'피로사회'가 되는 것이다(한병철, 2012). 그 피로사회에서 사람들은 늘 시간을 쪼개어 바쁘게 살지만 지나고 나면 남는 것이 없다고 탄식한다. 학생들도 마찬가지이다. 휴식 시간과 수면 시간을 줄여가며 더 많은 시간을 공부에 쏟지만 중요한 무언가 채워지지 않고 피곤을 느낄 뿐이다.

　이런 상황에 대한 해결책을 한병철(2013)은 더 많은 시간을 일에 쏟는 대신 시간에 향기를 더하는 것이라고 제안한다. 시간에 향기를 더한다는 것은 빠르게 흘러가는 시간을 머물게 하여 진정한 쉼을 가질 때 가능해진다. 시간을 머물게 하기 위해서는 활동 중심의 삶을 성찰과 관조 중심의 삶으로 돌이켜야 한다. 한병철은 성찰과 관조적 삶이 고대 그리스와 같이 쉼/여가 중심의 사회에서는 보편적 삶의 형태였다고 한다. 그들에게 쉼이란 관조/성찰적 태도로 삶을 살아가는 것이었다. 그러므로 오늘날 우리가 피로사회로부터 벗어나 행복한 사회를 형성하는 길은 진정한 쉼을 누리는 삶, 다시 말해 관조와 성찰 중심의 삶을 살아가는 것이다. 그러기 위해 우리는 충분한 쉼을 필요로 하고, 쉼을 잘 누리기 위해 성찰과 관조의 태도와 능력을 길러야 한다.

　앞에서 세 철학자들의 쉼/여가에 대한 논의들을 간단하게 살펴보았다. 강조하는 바가 조금씩 차이가 있지만 여가 혹 쉼을 이해하는 방식에는 유사성이 있음을 알 수 있다. 쉼/여가의 의미에 대한 관습적 이해는 일을 일시적으로 중단하는 외적 조건을 중시하는 것에 비해 세 철학자들은 성찰과 관조, 영혼의 조건과 같은 사람의 내적인 면을 중시하였다. 그리고 쉼의 필요성 혹 중요성에 대해 현대인들에게는 쉼이 다음 일을 보다 효과적으로 할 수 있게 하는 준비과정으로서 중요성을 갖는다고 본다. 반면 세 철학자들은 일의 필요성을 부정하지는 않지만 쉼 혹 여가가 일보다 삶의 중심에 와야 된다고 단언한다. 마지막으로 쉼의 가치 혹은 결과에 대해 현대인들은 다음 일을 잘하기 위한 에너지 충전 과정 정도로 본다. 그러나 세 철학자에 따르면 쉼/여가를 통해 개인적으로는 인간의 자기다움이 회복되어 행복한 삶을 살게 되고, 사회적으로는 현대사회의 병폐가 극복되어 바람직하고 건강한 사회가 형성될 수 있게 한다.

2. <꽃다운친구들>을 경험한 청소년들의 생애사 연구

1) <꽃다운친구들>은?

<꽃다운친구들>은 청소년들에게 자기 자신과 세상을 돌아보고 미래를 구상하는 창의적인 휴식 시간을 경험할 수 있도록 안내하는 청소년들의 모임이다. 16세, 17세 청소년들이 중학교와 고등학교 사이에 갖는 '1년의 자율 방학'인 <꽃친>은 멈출 수 있는 용기로 불안을 거스르는 의연함을 기르며 나답게 그리고 친구들과 함께 어우러지는 것을 희망한다. 꽃친은 2016년에 출범한 이래로 매해 10명 남짓의 청소년들이 1년 동안 일주일에 이틀 모임을 갖는다. 나머지 5일은 각자 집에서 자유롭게 시간을 보내게 된다. 1년 동안의 방학이기 때문에 교과 학습은 하지 않으며, 나를 알고 사랑하기, 생존 요리, 친구와 우정을 쌓는 방법, 다양한 직업을 가진 어른들과의 만남, 민주시민교육, 소외된 이들과 친구 되기, 국내외 여행, 인생 설계, 봉사활동 등의 다양한 경험을 통해 자신의 삶을 깊이 생각하고 스스로 배워 가도록 한다.

꽃친은 청소년들이 1년 동안 갖는 '쉼'을 통하여 건강한 자아존중감과 공동체 의식을 겸비하고, 서로가 있는 그대로 사랑을 주고받으며 존재의 행복을 누리는 사회를 꿈꾸고 있다. 꽃친은 단순히 프로그램으로서의 역할을 감당하는 것이 아니라 청소년 안식년 운동을 직접 경험하고, 이에 대한 효과를 공유함으로써 사회적 공감대를 확산하는 '운동'적 성격도 포함되어 있다. 다시 말해, 꽃친은 특별한 이유 때문에 조건적으로 누리는 것이 아니라 사람으로 태어났기 때문에 부여받은 인권을 아이들에게 되돌려주는 '청소년 인권 운동'이다(이수진·정신실, 2019).

꽃친은 설립 당시부터 지금까지 '쉼'의 절대적인 필요성에 동의하며 자기 탐색 및 진로 탐색의 수단이 아니라 '쉼' 자체를 목적으로 하고 있다. 꽃친에서는 안식년 경험을 통해 경험할 수 있는 보다 본질적인 변화가 무엇일까 고민하다가 '소유의 행복'의 대척점으로서 '존재의 행복'에 집중하게 되었다. 1년의 안식년은 그 자체로 충분하다기 보다는 앞으로 이어질 인생과 매일의 삶의 여백에서 자기 존재 자체를 긍정할 수 있도록 돕는 연습의 의미가 있다. 이는 1년 안에 완성되는 것이 아니고 1년만 필요한 것도 아니기 때문에 꽃친 프로그램을 집중적으로 참여하는 1년을 포함하여 그 이후의 시간에까지 도움을 주는 것을 목표로 하고 있다. 또한 초창기에는 경쟁적이고 치열한 교육환경에 있었던 청소년들이 이를 벗어나 주체적인 삶의 태도를 갖는 것을 미션으로 생각했다면 이제는 청소년 및 그 가족들이 함께 '쉼'을 경험하고 행복한 공동체를 세워 나가는 것을 목적으로 한다.

2) 생애사연구란?

청소년들에게 1년 간의 쉼을 주기 위해 만들어진 꽃친에 참여하는 청소년들의 쉼의 경험이 본 연구의 초점이 된다. 한참 공부해야 할 시기에 비교적 긴 기간 동안 쉬기로 결정한 청소년들이 경험하는 쉼은 어떤 특성을 지닐까? 쉼을 중요한 요소로 경험하는 그들의 삶에는 어떤 변화가 일어나는가? 그들이 겪은 쉼의 경험들은 그들의 전생애에서 어떤 의미를 갖는가? 꽃친에서의 쉼의 경험은 어린 시절부터 꽃친 직전까지의 삶의 경험과 무슨 차이가 있는가? 꽃친 기간의 경험이 이후 그들의 생애에 어떤 영향을 주고 있는가?

참여자가 경험하는 쉼과 삶은 그들의 개인적 활동이기도 하지만 동시에 사회적, 시대석 상황과의 상호작용의 산물이기도 하다. 이처럼 어떤 개인의 특정 경험과 그로 구성되는 삶을 사회적 맥락 가운데 분석하여 의미를 밝히고자 할 때는 생애사 연구가 적합하다. 생애사 연구는 한 인간의 경험이 그를 둘러싼 정치적, 사회경제적 그리고 역사적 상황 속에서 어떻게 상호작용을 하여 그의 생애를 구성하는지를 탐구하는 것이다(Goodson & Choi, 2008).

3) 연구 방법은?

① 연구 참여자

본 연구의 참여자는 꽃친이라는 모임에 참여했던 청소년 6명이다. 모임에 참여했던 청소년들 가운데 선별한 6명의 연구 참여자들은 모두 1년간 쉼을 충분히 경험하였고, 지금은 고등학생 혹 대학생으로 지내고 있다. 모임의 참여자들 가운데 연구 참여자를 선택한 기준은 네 가지였

청소년 갭이어,
나답게 성장하는 1년의 쉼

다. 첫째는 기수별로 2명씩, 둘째는 모임 참여 이전 학교 경험과 이후 진로의 다양성, 셋째는 꽃친 모임에 성실하게 참여했을 것, 넷째는 적극적으로 인터뷰에 임할 것 등이었다. 이 기준에 따라 6명의 청소년들을 연구 참여자로 선정하였다. 이들의 기본 인적사항은 다음 표와 같다.

[표 3-1] 연구참여자의 기본 인적사항

참여자	나이	성별	꽃친 참여 시기	꽃친 참여 전 학력	면담 당시 상황 (2020. 09. 01.)
A	21세	여	2016년(1기)	예술중학교 졸업	홈스쿨링을 거쳐 대학교 2학년 재학
B	21세	여	2016년(1기)	일반중 졸업	특성화고를 거쳐 대학교 1학년 재학
C	21세	여	2017년(2기)	일반중 졸업, 일반고 중퇴	대안학교를 거쳐 대학교 2학년 재학
D	19세	여	2017년(2기)	홈스쿨링	특목고(예술고) 3학년 재학
E	19세	여	2018년(3기)	일반중 졸업	홈스쿨링
F	18세	남	2018년(3기)	대안학교 중퇴 후 홈스쿨링 6개월	일반고 2학년 재학

② 연구자

본 연구의 연구자는 꽃친으로부터 의뢰를 받아 연구를 진행한 외부인으로 50대 남성 교수이다. 연구자의 입장(positionality)을 감안하여 연구의 엄격성(rigorness)을 확보하기 위해 두 가지 점에 주의를 기울였다. 첫째는 연구 결과가 연구의뢰인에게 유리하게 나올 가능성에 대한 경계였다. 이를 위해 꽃친이라는 모임에 대한 '판단중지'(epoche)를 최대한 노력하면서 연구 참여 학생들의 목소리를 있는 그대로 들으려 집중하였다. 학생들과 학부모들과의 면담에서 비판적인 시각으로 모임을 보도록 하는 질문을 제시하기도 하였다. 둘째는 연구참여자인 청소년들의 이야기(life story)를 얼마나 솔직하게 들을 수 있는가 하는 문제였다. 연구참여자들과 라포(rapport)가 형성되지 않은 상태에서 면담이 시작되었다. 더구나 연구자가 지방에 거주하는 관계로 면담이 참여자들의 생활공간이 아닌 KTX 역사 회의실에서 주로 이루어졌다. 10대 말에서 20대 초반의 여학생들이 대부분인 참여자들이 50대 남성인 연구자와 폐쇄된 공간에서 대화를 나누는 일은 그들에게 편하지 않은 상황이었을 것이다. 그러나 예상과 달리 그들은 비교적 긴 기간 동안 만남을 가지면서 때로는 명랑하게 때로는 진지하게 자신들의 이야기를 솔직하게 들려주었다.

③ 자료 수집

본 연구를 위해서 자료수집이 2017년부터 2020년까지 이루어졌다. 생애사 연구로서 먼저 연구참여자 6명에 대한 심층면담이 중요하게 이루어졌다. 2017년부터 2020년까지 만 3년 동안 매년 1~2회 만나서 면담을 실시하여 1~2기 학생 4명은 총 6회씩, 3기 학생 2인은 4회씩 진행하였다. 2020년 마지막 면담을 제외하고는 모두 개별 만남 가운데 1시간~1시간 30분 동안 대화 형식의 면담이 이루어졌고, 이를 녹음 후 전사(傳寫)하였다. 면담을 통해 듣게 된 참여자들의 이야기들은 그들의 생애를 구성하는 데 핵심적인 요소가 되었다. 그리고 그들의 곁에서 그들이 경험하는 바를 지켜보거나 함께 경험한 참여자들의 부모와 꽃친 교원들의 이야기들도 참여자들의 생애를 이해하고 분석하는 데 중요하게 작용할 것으로 보았다.

그래서 거의 매년 1회씩 학부모와 교원과의 면담도 가졌다. 여섯 학생의 학부모 가운데 건강이 안 좋은 한 가정을 제외하고는 모두 면담을 했다. 교원과의 면담 역시 대표 1인과 교사 2인 모두 하였다. 이처럼 자료수집의 대상을 다양화하는 작업은 질적연구의 신뢰성을 확보하는 한 방법이기도 하다. 또한 질적연구의 신뢰성을 높이기 위해 면담 외에 꽃친 활동의 참여관찰과 참여자들의 글이나 인터뷰기사 등을 수집하기도 하였다. 3년이 넘도록 장시간 자료 수집을 한 까닭은 연구참여자들이 모임에서 가진 쉼과 관련된 경험들이 졸업 후에도 얼마나 지속적으로 그들의 삶에 영향을 주는지 알기 위함이었다.

[표 3-2] 면담을 통한 자료수집 방법

	면담 횟수				면담 장소	면담 내용
	2017	2018	2019	2020		
연구 참여자	1, 2기 1회	1, 2기 2회	1, 2기 2회	1, 2기 1회	용산역 및 서울역 회의실 꽃친놀이터 명동열매나눔 재단	- 꽃친을 통해 배운 것 - 쉼이 준 변화/ 의미 - 꽃친 경험이 현재 나의 삶에 주는 영향
		3기 1회	3기 1회	3기 2회		
부모	1, 2기 1회		1, 2기 1회	1, 2기 1회	식사모임 장소 서울역 회의실 높은뜻광성교회	- 꽃친 선택 이유, 기대 - 꽃친 경험이 자녀에게 미치는 영향 - 자녀들의 적성, 진로 - 꽃친 아쉬운 점 - 부모모임
				3기 1회		
교원	1회	1회		1회	꽃친놀이터 용산역	- 꽃친의 목적과 기대 - 꽃친 경험이 청소년들에게 미치는 영향 - 꽃친 교사의 역할과 꽃친이 교사들에게 미치는 영향 - 부모모임 - 꽃친 운영의 어려움

④ 자료 분석

생애사 연구에서 수집된 자료에 대한 분석방법은 다양하다. 그런데 여기서는 본 연구의 목적에 부합하도록 두 가지 방법을 종합해서 사용하였다. 그것은 생애사 연구에서 흔히 사용하는 '연대기적 기술 후 의미 분석 방법'(김영천·한광웅, 2012)과 '굿슨의 네 단계 분석 방법'(Goodson & Choi, 2008)이다. 전자의 방법은 먼저 개인별로 연대기적 기술을 통해 생애사를 구축한 뒤 꽂친 참여 전과 후의 생애에서 각각 개인별 주제를 찾고, 마지막으로 참여 후 생애사의 공통 주제를 찾아 분석하는 것이다.

후자의 방법에 의하면 '1난계:인터뷰 농안 경청하기, 2단계:녹음된 자료 전사하는 동안 경청하기, 3단계:텍스트 자료를 읽는 동안 등장하는 주제/개념 정리하기, 4단계: 해석된 이야기(내러티브)들을 역사적 맥락 속에 두기' 등과 같이 네 단계의 작업을 한다. 1, 2단계의 경청하기는 대개 다른 분석 방법에서는 분석의 과정에 포함시키지 않는다. 그러나 굿슨(Goodson)은 인터뷰와 전사 작업 중의 경청하기는 연구자의 관점이나 선입견을 내려놓고 연구참여자의 이야기를 있는 그대로 매우 정확하게 들을 수 있는 과정이기에 중요한 분석단계라 주장한다. 3단계의 주제 정리하기는 전사된 텍스트를 읽는 가운데 반복적으로 등장하는 주제들을 찾아 명시하는 작업이다. 이는 근거이론방법의 개방코딩(Open Coding)과 유사한 개념이다. 마지막 4단계는 내러티브들을 사회적·역사적 맥락 속에 두는 일인데 이는 텍스트에서 도출된 주제들에 대한 분석을 맥락화 함으로써 일반적인 이해를 보다 정교하게 하기 위함이다. 이 점에서 생애사(life history)는 전기(life story)와 차별성을 갖는다고 할 수 있다(Goodson & Choi, 2008).

본 연구에서는 후자의 방법을 수용하여 참여자들과 수차례에 걸쳐 인터뷰를 하면서 그들의 이야기를 선입견 없이 듣고자 노력하였다. 인터뷰가 주로 딱딱한 회의실에서 진행된 점을 감안하여 형식적인 질의/응답이 되지 않도록 노력하였다. 그래서 가능한 한 질문을 줄이고 그들의 목소리를 듣는 것에 집중하였다. 이러한 듣기는 전사된 텍스트로부터 찾기 어려운 참여자들의 그리움, 아쉬움, 안도감, 자부심 등과 같은 감정과 태도를 볼 수 있었다. 그리고 인터뷰 이후 녹음된 내용을 듣는 일은 참여자들의 말을 좀 더 객관적으로 듣고, 말한 의도를 다시 확인하는 데 도움이 되었다. 3단계에서는 전자의 방법을 수용하여 참여자 개인의 생애를 연대기적으로 기술하였다. 기술된 텍스트를 꼼꼼하게 읽으면서 빈번하게 등장하는 단어들을 찾아 이를 범주로 묶어 개념화하였다. 이는 개인별로 그리고 집단적으로 이루어졌다. 그 결과 쉼, 불안감, 만족감, 다양성, 갈등, 자율성, 주체성, 친밀성 등의 개념들이 추출되었다. 4단계에서는 앞 단계에서 제시된 경험과 이야기들을 사회 역사적 맥락 속에 위치시키고 맥락적 이해를 하기 위해 노력하였다. 그래서 참여자들의 가장 중요한 경험인 쉼에 대하여 그것이 갖는 사회 맥락적 의미와 성과를 깊이 논의하였다. 그 논의에서는 참여자들의 경험들이 이론적 배경에서 제시된 학자들의 주장에 비추어 분석되었다. 연구의 신뢰성 확보와 윤리적 고려를 위해 인터뷰 내용은 전사 후 한 차례 그리고 분석 후 한 차례 더 연구참여자들에게 열람을 시켜 그들의 의견을 반영하고자 했다. 그리고 연구의 결과를 얻어 이를 논의하는 과정에서 대안교육 전문가들과 실천가들과 함께 협의회를 가져 쉼과 노동의 관계에 대해 세심한 논의가 필요하다는 의견을 나누었다.

3. <꽃다운친구들> 청소년이 경험한 '쉼'

자료의 분석 결과를 세 부분으로 나누어 알아보고자 한다. 먼저는 참여자들의 개인별 간단한 생애사를 수집된 자료를 근거로 구축하여 제시하였다. 지면상 1~2기에 참여했던 참여자 A, B, C, D만 제시하였다. 그리고 연구 참여자들이 꽃친 활동과 관련하여 경험한 것들 가운데 공통적으로 중요하게 언급한 바를 네 가지 주제에 따라 정리하였다. 그리고 마지막으로는 참여자들의 경험과 생애를 분석하고 이를 개념적 논의들과 종합하여 쉼의 의미와 성과를 도출하여 제시하고자 하였다.

1) 참여자들의 생애사 요약

① 참여자 A

참여자A(이하 'A')에게는 꽃친을 매우 적극적으로 선호하는 엄마와 아빠 그리고 현재 꽃친에 참여하고 있는 남동생이 있다. 어릴 때부터 음악을 좋아하여 예술중학교에 입학하였고, 예중에서 클래식 피아노를 전공하였다. 그리고 예술고등학교에 합격했지만 진학을 포기하고 꽃친을 선택했다. A는 어렸을 적 자유로운 분위기에서 생활하며 매우 활발하고 웃음이 많은 성격의 아이였다. 그런데 예술중학교에 진학하면서 서서히 밝은 모습이 사라지고 말이 적어졌다. 학업성적과 실기점수로 매번 등

급을 매겨 학생들을 서열화시키는 지나친 경쟁 중심의 중학교 생활방식에 스트레스를 겪으면서 자존감도 낮아졌다. 또한 선생님이 가르쳐주는 대로 똑같이 연주해야 하는 클래식 음악에 대한 회의감도 갖게 되었다. 그래서 꽃친에 참여하면서 평소 좋아했던 재즈 음악의 레슨을 받기 시작했다. 결국 꽃친 참여와 함께 전공도 클래식 음악에서 재즈 음악으로 바꾸게 되었다.

꽃친에 참여한 1년의 기간은 A에게 충분한 마음의 여유와 쉼을 가져다주었다. 여러 활동에 적극적으로 참여하였고, 집안 일도 도왔으며, 평소에 좋아했던 드라마를 보며 드라마 음악을 즐겼다. 신뢰할 수 있는 어른들이 있는 꽃친 활동을 하며 잃어버렸던 긍정적이고 밝은 모습이 나타나기 시작했고, 자신을 표현하는 데 주저함이 없어졌다. 꽃친 활동 후, A는 고등학교에 진학하는 대신 집에서 공부하면서 2년 동안 개인 레슨을 받으면서 입시 준비를 하였다. 1년 정도는 꽃친처럼 쉼의 시간을 보내었고, 나머지 1년은 입시준비를 하였다. 입시준비도 이전과는 달리 여유롭게 하였고, 자신이 재미있어 하고 좋아하는 과목들을 위주로 수능 공부도 하였다. 그 결과, 서울 소재한 대학교 실용음악과에 합격하여 현재 대학교에 재학 중이다. A에게 대학생활은 또 다른 도전들이 제기되지만 비교적 여유를 갖고 대응하고 있다.

② 참여자 B

참여자B(이하 'B')는 자유로운 분위기의 집에서 자라서인지 성격이 낙관적이고 원만하여 어린 시절을 큰 문제 없이 지냈다. 엄마와 함께 종종 여행을 다녔고 한 번은 한 달 동안 세계 여러 나라를 다녀오기도 했다. 유치원 때는 공동육아를 경험하였으며, 초등학교 때는 일산의 개발 제한 구역 안에 있는 전교생 80여 명의 작은 초등학교를 다녔다. 그러나 큰 규모의 중학교에 진학해서는 무척 힘든 시간을 보냈다. 그는 성격이 느긋하여 행동이 느리고 순진하며 사람을 대할 때 정성껏 대하는 특성이 있는데 이러한 점들을 또래아이들은 무시하였다. 그래서 그는 자기스러움을 감추기 위해 애를 써야 하는 어려움을 겪었다. 더구나 중학교 1학년 때는 따돌림을 당하는 경험까지 하여 중학교 시절은 "답답한" 시기로 B의 기억에 남아 있다. 또한 중학교에는 아이들뿐 아니라 교사들도 인성이 좋지 못한 분들이 많아 더욱 힘들었기에 그는 중학교를 "쓰레기"로 까지 표현했다. 이런 생활에 적응하기 위해 그는 소위 노는 애들과 어울려 놀러 다니고 공부는 거의 하지 않았다고 한다. 자기다움을 상실하면서 자존감도 낮아졌고 생기가 없는 아이가 되었다.

B가 중학교 생활을 힘들어하던 모습을 보며 엄마는 중학교 졸업 후 대안학교 진학과 1년 동안의 쉼의 선택지를 놓고 결정하길 원했다. B는 일반학교에 입학하길 원했으나 엄마는 1년 동안 진정한 쉼을 누릴 수 있도록 어떠한 제한도 하지 않을 것을 약속하여 꽃친에 참여하기로 결정했다. B는 이전 힘들 때 도피처였던 잠을 꽃친 기간 중 어느 때보다 충분히 잘 수 있어 좋았다고 한다. 그 외에도 본인이 좋아하는 것들을 맘껏 경험할 수 있었다. 꽃친을 하는 동안 아버지의 권유로 중국어 공부를 지속적으로 하여 현재 중국어 4급 자격증을 가지고 있음을 자랑스러워했다. 꽃친 활동을 하면서 특수 분장에 관심을 가진 B는 중학교 때 친했던 친구가 소개해 준 경기도 소재의 특성화고등학교에 입학하여 무대디자인을 배우고 있다. 고등학교에서는 중학교와 달리 폭넓은 인간관계를

형성하고 있으며 공부에도 자신감이 붙어 열심히 하고 있다. 친구관계도 원만하며, 좋은 선생님을 만나서 만족스러운 학교생활을 하고 있다.

춤을 좋아하고, 엔터테이너에 관심이 많은 B는 영화 의상으로 자신의 진로를 생각하고 있다. 목표했던 대학에 지원하여 2020년 대입 전형에 수시로 합격하여 패션디자인과 예비 대학생이 되었다. 그리고 대학 합격이 결정된 후, 방학 동안 중국으로 한 달 반 정도 어학연수를 다녀오기도 하였다.

③ 참여자 C

참여자C(이하 'C')는 아버지, 어머니와 함께 외동으로 성장했다. 초등학교 3년은 홈스쿨링을 경험하고, 초등학교 3학년부터 고등학교 1학년 때까지 공교육 진영의 일반학교를 다녔으며 고등학교 1학년 재학 중에 자퇴를 하게 되었다. 고등학교 진학 전, C는 학구적인 분위기의 다양한 관점을 수용하는 학교에 다니고 싶었으나, 어머니께서 다른 성격의 대안학교에 원서를 넣었고, 결국 일반 고등학교에 진학하였다. 이후, 학교에 잘 적응하지 못하는 C에게 어머니는 꽃친에 참여하길 권유했고, 모험정신을 가지고 꽃친에 합류하게 되었다. 어머니는 C가 보통 아이들과 다르게 독특한 성향의 아이라고 인식하고 있다.

C본인도 깊이 있는 생각하기를 좋아하고, 친구들과는 다른 사고를 가지고 있다는 것을 알고 있다. 초등학교 6학년 때부터 학교생활의 어려움이 있었고, 중학교 때는 혼자서 많은 글과 낙서를 통해 이런저런 생각을 하는 시간을 좋아했다. 꽃친 활동 전, 고1 방학 때는 평화원정대라는 프로그램에 참여하여 네팔에서 봉사활동 및 여행하는 시간도 가졌

다. 꽃친에 참여하면서 초반에는 친구들 관계에서 어려움을 토로하기도 하였다. 그리고 꽃친에서 강조하는 쉼이 본인한테 맞지 않다고 느꼈다. 그러나 후반부에 적극적으로 관계 회복을 위해 노력하여 친구들과 유대감이 생겨서 지금까지 꽃친 친구들과 지속적으로 만나고 있다.

꽃친 활동을 마무리한 후, 어머니의 권유로 인천에 있는 한 대안학교에 고3으로 진학하여 1년의 시간을 보냈다. 꽃친 활동을 통하여 말수가 늘어났고, 다양한 성향의 친구들을 이해할 수 있도록 성장하여 그 학교에서 적응하는 데 어려움은 없었다. C는 책을 읽는 것을 좋아하고, 평소에 예술과 사회에 관심이 많은 편이다. 특히 학교 재학 중에 관계의 문제에 대해 깊이 고민하면서 사회적 약자 및 소수자 등 사회 문제에 관심을 가지기 시작했고, 대학 진학으로 이어졌다. 현재 경기도 소재의 대학교에서 사회융합자율학부의 대학생으로 재학하고 있다.

④ 참여자 D

참여자D(이하 'D')는 아버지, 어머니, 동생과 함께 여러 교육기관을 경험하며 성장했다. 어머니는 아이 본연의 모습 그대로 잘 키우고 싶은 마음에 초등학교 고학년 때 처음 홈스쿨링을 선택하였고, 중학교 시절에도 홈스쿨링으로 교육해 왔다. 꽃친에 참여하신 부모의 소개로 꽃친을 알게 된 어머니는 D에게 신뢰할 수 있는 어른들과 다양한 경험을 하며 자립할 수 있는 이 공동체를 권유했다. D는 고민하다가 꽃친의 다양한 영상을 보면서 무언가 즐겁게 하는 것에 매료되어 중학교 3학년 나이에 꽃친을 결정하였다. D는 초등학교 2학년 때까지 일반학교에 다니다가 초등학교 3학년 때, 1년 동안 대안학교에 다녔으며, 초등학교 4학

년, 1년 동안 홈스쿨링을 경험하였다. 이후, 초등학교 5~6학년의 나이
에는 아버지의 연구학기로 인해 미국에서 학교를 다녔다. 그리고 다시
한국에 돌아온 뒤에 홈스쿨링을 이어 갔다. 순종적인 성향의 D는 초등
학교 기간 동안 4번이나 변화된 환경에서 시간을 보냈지만 스트레스를
받지 않았다. 이 시기를 공부에 대한 압박감 없이 재미있고, 즐거웠던
시간으로 기억하고 있다.

D는 꽃친 활동 이전부터 음악을 꾸준히 해 왔으며 적극적으로 관심
을 갖게 된 것은 중학교 2학년 때부터였다. 그리고 꽃친 활동을 통해 작
곡을 하고 그 곡으로 공연을 하면서 예술고등학교 진학에 대한 결심이
확고해졌다. 평소에도 D는 음악과 미술을 좋아하고, 시간과 규칙을 잘
지키고 성실하다. 또한 낯선 것에 대한 두려움을 가지며 안정적인 것을
추구하는 성향을 가지고 있다. 이러한 성향으로 인해 꽃친 활동 당시 시
간 약속과 과제 수행으로 스트레스를 받은 적이 있으나, 후반부에는 각
각의 다름을 인정하는 방향으로 생각이 변화되었다.

D는 짧은 시간 입시를 준비하였음에도 불구하고 경기도 소재의 예
술고등학교 작곡과에 입학하여 고등학교 2학년에 다니고 있다. 서울의
예고들보다는 경쟁적이지 않아 학업에 대한 스트레스가 적은 편이며,
정해진 커리큘럼대로 수업을 하는 것에 대한 안정감을 느끼고 있다. 선
생님과 친구관계도 원만한 편이다. 가끔 대학 입시에 대한 걱정이 있으
나 심하지 않다. 음악에 대해 본격적으로 공부한 지 2년 정도 된 D는 작
곡과에 진학하길 희망하며 영화 음악감독을 꿈꾸고 있다.

2) 참여자들의 꽃친 기간 경험

① 불안감

연구 참여자들 중 다수가, 정도의 차이는 있지만, 꽃친을 선택할 때나 혹은 꽃친 참여 중에 불안감을 느꼈다고 했다. 그 불안감은 다수가 일반적으로 선택하는 공교육 체제로부터 벗어났다는 두려움에 기반하고 있다. 더구나 이들이 선택한 꽃친의 역사가 짧아 앞날을 예측할 수 있는 사례도 별로 없어 불안감은 가중되는 듯했다. 참여자들 중에서는 특히 일반 고등학교 진학과 이 모임 참여 사이에서 선택의 고민을 많이 한 학생이나 꽃친의 취지에 대한 정확한 이해 없이 참여한 학생에게서 불안감이 크게 나타났다. 또한 꽃친의 자유분방하고 느슨한 분위기와 교과 학습 없이 비교과 활동으로만 이루어진 프로그램에 불편함을 느끼기도 했다. 일반 학교에서 강조하는 질서나 규칙 등에 익숙한 학생 역시 초기에는 혼란스러움과 불안감을 호소했다. 대개 이런 불안감은 꽃친 초기에 강하게 나타나지만 점차 약화되는 것을 볼 수 있다. 그것은 참여 지들이 많은 시간 가운데 성찰을 통해 자신을 알아가면서 나타나는 현상이라 할 수 있다.

> 여기선 진짜 여행 가고 놀기만 하니까. 뭔가 더 해야 될 것 같고, 그래서 되게 약간 공허함이 있었고. 약간 좀 되게 뭔가 허전하고. 약간 뭔가 안 하니까 되게 불안한 거예요. (F. 2018. 11. 23.)

> 불안이 이런 거예요. 다른 친구들은 정해진 길을 가면 되는데. 나는 엄마도 아빠도 우왕좌왕. 그러니깐 딱 정해진 것이 없이 모르면서 한다는 게 불안했던 것 같아요. 그래서 오히려 저한테 "학교를 가면 시키는 것만 하면 되잖아?" 그렇게 저에게 여러 번 말 했었어요. (D 모. 2019. 02. 18.)

② 자발성 혹 주체성

참여자 다수가 꽃친 활동에 참여하면서 만족감을 나타낸 데는 활동의 내용이 전혀 새로운 것이거나 매우 재미있기 때문이라고 보기는 어렵다. 독서토론, 전문가와의 만남, 여행, 대화시간, 봉사활동 등 평범하게만 보이는 활동들이 주요 프로그램이었다. 그러나 꽃친에서 중시하는 것은 이러한 활동들을 운영하는 방식이다. 교사 중심이 아닌 학생 중심으로 이 활동들을 기획하고 운영하도록 한다. 참여자들은 자신들의 적극적인 참여 여부에 따라 활동이 내실 있게 진행되기도 하고 형식화되기도 함을 경험하면서 주체적 태도와 자발성의 중요성을 배우게 된다. 그리고 꽃친 생활 가운데 일상적으로 배우는 주체성과 자발성은 그들의 삶의 태도에 스며들어 가는 듯하다. 그래서 한 학생은 타성화에 젖은 관습적인 삶의 방식을 거부하고 자기만의 삶의 방식을 따라 살아가려고 분투하기도 했다.

꽃친 자체라는 게 프로그램이 다 짜져 있어서 '너네가 이제 이대로 따라가라'가 아니고 그 프로그램을, 자체를 기수에 따라서 그 성향에 따라서 다 짜는 것 같아요. 저희끼리. 그러다 보니까, 아무것도 안 하면 매번 올 때마다 가만히 앉아서 뭐할지 싸우고 이러고 가니까. 이제 어떻게든 뭐라도 저희가 하려고 하다 보니까 점점 이렇게 자기주도성이 생기는 것 같아요. (D. 2018. 12. 22.)

저희가 다 계획해서, 여행지 후보를 세 개를 정해서 발표 다 하고, 그 중에서 투표하고, 일정도 다 저희가 짜고 조사하고 음식점도 다 저희가 조사하고 이래서 한 건데, 사실 저희가 청소년 때 해외여행을 가고 이럴 때 보통 그냥 엄마 아빠 따라가거나 그냥 짜여진 여행을 가는 게 대다수인데 저희는 진짜 가고 싶은 데 가고, 가서 저희끼리 진짜 얘기도 많이 하고. 그냥 하고 싶은 대로 할 수 있었어요. 놀고 싶으면 놀면 되고. 이러니까 그게 제일 좋았죠. 진짜 깊은 관계를 형성할 수 있는 길인 것 같기도 하고. (E. 2019. 07. 19.)

③ 다양성의 수용

참여자들이 꽃친에서 한 경험들의 특징을 말할 때 자주 사용하는 단어들이 '다른', '다양한', '갈등' 등이었다. 이들이 말하는 다름 혹 다양성은 두 가지 측면에서 종종 사용되었다. 먼저, 그들이 꽃친에서 만난 학생들은 수적으로 많지는 않지만 자라온 배경이나 경험이 매우 다양했다. 그들은 공교육 경험자, 대안학교 출신자, 홈스쿨러, 미국 유학 경험자 등 교육 경험도 다양했다. 이러한 꽃친 이전 경험의 차이는 이들의 사고방식에 영향을 주어 대다수 참여자들이 다른 학생들을 이해하는 데 시간을 필요로 했다. 학생 구성의 다양성은 그들 사이에 긴장과 갈등을 초래하기도 했다. 그러면서도 갈등을 해결하려는 노력 가운데 다름을 이해하고 수용하는 태도를 배우기도 하였다.

다양성이란 말이 사용되는 두 번째 측면은 그들이 꽃친에서 하는 경험의 범주와 관계한다. 꽃친은 일주일에 이틀만 모임을 갖지만 참여자들이 겪게 되는 경험의 폭은 상당히 넓게 보인다. 다양한 주제의 강의를 그 분야의 전문가로부터 듣고, 우리 사회의 다양한 어려운 이웃들을 찾아가 봉사활동을 하기도 한다. 여행을 가더라도 학생들이 직접 기획함으로 관련 실무 지식과 경험을 쌓게 된다. 또한 중요한 점은 많은 참여자들이 이런 다양한 활동들을 재미있게 한다는 점이다. 그래서 이런 다양한 경험을 한 학생들은 자신의 진로 혹은 희망을 보다 폭넓게 생각하기도 한다.

너무 각자 개성도 강하고. 생각도 다르고. 지나온 게 완전 다 다른 애들이 너무 많아서. 홈스쿨링을 하다 온 애들이나, 일반학교를 갔다 온 애들이나, 뭐 미국에서 살다 오고. 뭐 이렇게 엄청 다양하니까, 생각하는 방식도 좀 다르고, 같은 말을 해도 그걸 받아들이는 것도 좀 다르고. 그래서 작게 많이 싸웠던 것 같아요. 엄청 큰 싸움을 많이 하지는 않는데. 작게 계속 [갈등이] 있었죠. (E. 2019. 07. 19.)

[꽃친에 와서] 완전 다른 음악 말고도, 만들기나 아니면 다른 여러 분야의 일들을 해 보니깐, 나는 당연히 계속 음악을 해야 된다고 생각을 했는데, '내가 음악을 하고 다른 것도 언젠간 해 볼 수 있겠구나.'라는 좀 그런 생각이 열린 것 같아요. 평생 음악을 하지 않아도 다른 걸 내가 재밌게 할 수 있는 게 있구나. 그런 생각. 꽃친에서 [다양한 활동을] 할 때마다 재밌으니까. 꽃다발 만들기 같은 것 할 때는 나중에 이거 해봐야겠다 [생각하고] 그리고 운동, 체육 같은 것 하러 갔을 때는 이걸 나중에 해야겠다. 이렇게 맨날 바뀌었었어요. (A. 2018. 05. 19.)

④ 친밀성

'꽃친 참여로 배운 혹은 얻게 된 소중한 것이 무엇인가'라는 연구자의 질문에 다수의 참여자들이 친밀한 친구/인간관계를 말할 만큼 친밀성은 꽃친 활동의 중심 목표이다. 그들은 꽃친에서 '인생 친구' 혹은 오랫동안 우정이 지속되는 친구를 만난 것이 무엇보다 중요하다고 했다. 참여자들이 꽃친을 통해 경험하는 친밀성은 물론 동기 친구들 사이에서 주로 일어나지만 그 밖에 선후배 관계에서도 친한 관계가 형성되기도 한다. 어떤 학생들에게는 친구와의 관계 못지않게 교사들과의 관계나 심지어 친구 부모님과의 관계도 중요하게 작용한다고 대답했다. 교사들이나 친구 부모님 같은 어른들과의 친밀한 관계의 경험은 그들에게 자신감을 갖고 사회생활에 임하도록 격려한다. 꽃친에서 운영하는 다양한 활동들이 각자의 고유목표를 갖지만 쉼과 친밀한 관계성은 모든 활동의 기초가 된다. 특히 교사와 아이들이 생각과 삶을 나누는 시간인 '톡투유'나 기획과 운영을 학생들이 맡아서 하는 여행 등이 상호 간 친밀성을 강화시키는 데 큰 영향을 미쳤다.

그러나 모든 참여자들이 같은 경험을 한 것은 아니다. 친밀한 관계는 서로를 이해하고 수용할 때 형성되기에 상호 간 차이를 인지하지 못하거나 상대를 이해하려는 의지가 결여된 상태에서는 친밀성이 만들어지기 어렵다.

> [꽃친에서] 좋았던 거는 정말 친한 친구가 생긴 것. 사실 1년 밖에 같이 안 있었잖아요. 학교 친구들도 1년 동안 같이 있는다고 해서 그렇게 친해지고, 서로 집에 놀러가서 자고, 그렇게 하는 경우가 드문데... 꽃친을 한 1년 동안 뭔가 진짜 10년 넘게 지냈던 친구처럼. 옛날부터 엄청 잘 알았던 친구처럼. 친구 부모님과의 관계도 그렇고. 사실 서로 친구 집에 가서 자는 거 친하지 않으면 잘 못하잖아요. 그런게 너무 자연스럽고. 둘이 동성이 아니더라도 그냥 이성 친구 사이에도 다 같이 놀다가 그 친구 집에 가서 자고. 이런 게 너무 자연스럽고, 심지어 부모님들도 꽃친 친구니깐 괜찮아, 관대하게 해 주시는 부분이 있어요. (E. 2020. 04. 18.)

> 제가 고민들을 얘기했더니. 애들은 '이렇게 해요, 저렇게 해요', 무슨

말만 하면 그래요. 선생님한테 고민을 털어놨더니, '너가 애들한테 편견을 가지고 있는 것 같다.', '제대로 말해 보지도 않고 애들을 노답이라고 단정하는 것 같다'. 전 선생님 말을 그렇게 받아들였어요. 아무튼 그런 투로 말을 하셔서, 무슨 고민을 얘기하는데 제 입장은 전혀 생각 안 하는 것 같고. 논리적으로 문제만 계속 짚어서 '니 입장을 수정해 와.' 하니까. 편치가 않아요. (C, 2018. 12. 20.)

3) 참여자들이 경험한 쉼의 의미와 성과

연구 참여자들의 경험에 대한 앞의 기술은 다분히 개인적 차원의 경험들을 평면적으로 범주화하여 소개한 것이다. 이렇게 기술된 경험들은 쉼의 의미와 성과를 밝히는 재료가 된다. 그러나 우리의 경험은 종적으로 우리의 과거 생애와 연결되어 있고, 횡적으로 사회문화적 환경과 연결되어 있다. 그래서 경험은 철저히 개인적이면서 동시에 역사적이요, 사회적일 수밖에 없다. 즉, 개인의 생각과 행위는 개인의 과거 역사와 사회적 환경과의 상호작용의 결과일 가능성이 크다. 그러므로 이제 앞으로 논의하고자 하는 것은 참여자들의 쉼 경험이 갖는 사회 맥락적 의미와 성과에 관한 것이다.

① 평안과 거부로서의 쉼

현대사회에서 청소년들의 건강한 성장을 저해하는 요인들이 다양하지만 그중에서 빠트릴 수 없는 것이 진정한 쉼의 결핍인 듯하다. 청소년들의 쉼의 결핍은 두 가지 측면에서 나타난다. 첫째는 과도한 학업량으로 인해 쉴 수 있는 물리적 시간이 절대적으로 부족하다는 점이다. 우리나라 청소년들의 학업 시간이 세계 최장이며 수면 시간이나 여가 시간이 다른 나라 청소년들에 비해 매우 짧다는 사실은 많은 통계 자료들이 보여주는 바이다(김영지 외, 2016). 특히 휴식 시간을 가져야 하는 주말에도 학원이며 과외로 분주하게 살고 있는 한국 청소년들의 한 주일 생활을 풍자하여 '월, 화, 수, 목, 금, 금, 금'이라는 말이 회자되기도 한다. 둘째는 청소년들이 공부 시간에는 말할 나위가 없고, 여가 시간이 있을 때라도 진정한 쉼을 경험하지 못한다는 점이다. 그들에게 공부는 좋은 성적을 얻기 위한 혹은 우수한 대학을 가기 위한 수단으로 이해되기에 어쩔 수 없이 해야 하는 고단한 작업일 뿐이다. 이런 태도로 하는 공부에서 쉼을 기대하기는 어렵다.

또한 장시간의 공부 이후에 갖게 되는 짧은 휴식 시간은 공부로 인한 스트레스를 해소하는 시간으로 보내게 된다. 많은 청소년들은 휴식 혹은 여가 시간에 PC게임이나 스마트폰 사용 같은 놀이를 하거나 잠을 자면서 시간을 보낸다. 물론 게임이나 스마트폰 사용을 쉼이 아니라고 단정할 수는 없다. 그러나 이러한 활동들은 새로운 배움과 성장을 가져오는 쉼과는 질적인 차이가 있을 가능성이 크다. 그러므로 여기서는 청소년들에게 필요한, 보다 정확하게 말해서 우리 모두에게 필요한, 쉼은 과연 어떤 것인지, 이를 어떻게 청소년들에게 경험하게 할 수 있는지, 왜 오늘날 우리는 쉼의 깊은 의미를 상실한 채 진정한 쉼이 결핍된 삶을 살고 있는지 등을 참여자들의 경험을 토대로 논의하고자 한다.

오늘날 우리는 쉼을 '하던 일의 중지 상태'로 보는 경향이 있다. 쉼의 사전적 의미도 이를 뒷받침한다. 국립국어원에서 발간한 표준국어대사전에 따르면 쉼을 "피로를 풀려고 몸을 편안히 둠"이라고 정의하고

청소년 갭이어,
       나답게 성장하는 1년의 쉼

있다. 쉼의 영어 단어인 'rest'의 의미도 이와 유사하다. 옥스포드 사전 (Oxford Dictionary)에 따르면 "긴장해소나 수면을 위하여 혹은 힘을 회복하기 위하여 활동을 중단하는 것을 허용함"이라 되어있다. 즉, 국어나 영어에서 쉼은 동일하게 일로 인해 쌓인 피로를 풀기 위해서 일을 중단하는 것을 강조하고 있다. 그러나 우리는 쉬는 시간이라 해서 모든 활동을 중단하고 정지 상태에 머물러 있지는 않는다. 지금까지 하던 활동은 멈추지만 그와는 다른 활동을 하게 된다. 예를 들면, 청소년들은 수학 공부라는 활동을 하다가 쉬는 시간에는 수학책을 덮고 PC를 켜고 게임을 하든지 휴대폰을 꺼내어 웹툰을 보는 활동을 하곤 한다.

여기서 우리는 대개 수학책을 보는 활동은 쉼이 아니고 게임을 하는 활동은 쉼이라 생각한다. 왜 그러한가? 우리가 하는 활동들 가운데 일/노동으로서의 활동과 쉼으로서의 활동을 구분 짓는 기준은 무엇인가? 흔히 생각하는 것은 직업으로서의 활동 혹은 어떤 목적을 달성하기 위해 해야만 하는 활동은 쉼이 아니고 일/노동이라 보는 경향이 있다. 피이퍼(Pieper, 1998)는 현대사회에서 갖는 일의 세 가지 특성들이 쉼 혹은 여가와 구분 짓는 기준이 된다고 한다. 여가는 일과 달리 '분주하지 않은 평정'(Stillness), '다른 목적을 위한 수단이 아님'(Uselessness), '고통이 아닌 축하의 정신'(Celebratory Spirits) 등의 특성을 갖는다. 이런 점을 놓고 본다면 수학책을 보는 활동이나 만화책을 보는 활동을 쉼이라 할 수 있는지는 활동의 내용보다 활동을 하는 사람의 태도와 자세와 관계한다고 볼 수 있다.

다시 앞의 예로 돌아가 보면, 만일 수학 공부를 하는 일이 유명 대학을 가기 위해 쫓기듯이 힘들게 해야만 하는 활동으로 인식된다면 이는 분명 일이요 노동임에 틀림없다. 그러나 만일 수학 공부를 하는 일이 우주질서를 추상화시킨 수(數)의 세계를 탐구하는 일로 인식하고 즐거운 마음으로 평정 가운데 해 간다면 이는 쉼/여가가 될 수 있는 것이다. 이처럼 쉼을 이해하는 방식이 활동의 외적 조건에서 사람의 내적 태도로 옮겨가는 것은 온전한 쉼을 누리는 데 매우 중요하다. 꽃친의 경험들을 통해 연구 참여자들의 쉼을 이해하는 방식이 바뀌는 것을 볼 수 있다. 이들은 꽃친 참여 전까지는 쉼을 '공부를 중단한 상태'나 '아무 일도 안하고 빈둥거리는 상태'로 이해했다고 한다. 그러다가 꽃친 경험을 통해 쉼은 '무엇을 하든 안하든 마음이 평안한 상태'로 이해하거나 '바쁘게 살더라도 자기가 좋아하는 일을 즐겁게 하는 것'으로 생각하게 되었다고 한다. 그래서 일부 참여자들은 꽃친에서의 활동들 – 친구들이나 교사들과 대화를 나누는 활동이나 여행을 가는 일과 그들과 함께 하는 다양한 체험 활동 등 – 이 모두 쉼의 시간이었다고 말한다.

친구들이랑 여행 가거나 샘이랑 상담하고 톡투유하고. 그럴 때 (다 쉼이라고 느꼈어요?) 좀 편안해서. (F. 2019. 12. 20.)

저는 (일반) 학교 다닐 때 쉼에 대해 생각했던 건 아무것도 안 하고 침대에 뒹굴뒹굴 누워서 '아 진짜 이게 쉼이야.' 했어요. 그런데 꽃친하면서 그냥 친구들이랑 선생님이랑 좋아하는 사람들과 같이 여행을 다니고 같이 시간 보내고 얘기하는 이런 것도 쉼이라 느끼기도 했어요. 그리고 바쁘게 살아도 이게 저한테 너무 좋고 편안하면 그것도 나름의 쉼이라고 생각해요. 이전 학교를 다닐 때는 목적지를 향해 엄청 달려가는 건데, 사실 꽃친을 하면서는 정말 하고 싶은 걸 하면서 바쁘다 보니깐, 그것도 나름 쉼이라고 생각해서. 꽃친은 쉼인 것 같아요. (E. 2019. 12. 20.)

꽃친에서 참여자들이 경험한 쉼은 우리나라 또래 청소년들이 일상적으로 경험하는 바가 아니다. 우리나라 청소년들의 행복지수가 세계 최하 수준인 것은 공부/성적에 대한 과도한 스트레스와 쉼의 결핍으로 연유한다고 본다면(OECD, 2017) 쉼에 대한 올바른 이해와 쉼의 경험이 그들에게 얼마나 중요한지를 알 수 있다. 그러나 현대사회에서 일반 청소년들에게 이런 쉼을 이해시키고 경험하게 하는 일은 결코 간단한 일이 아니다. 한병철(2012)이 지적한 것처럼 현대사회는 사색과 성찰의 세계가 아닌 활동/일의 세계이기에 우리의 모든 삶이 일을 중심으로 영위된다고 한다. 모든 일은 성과를 산출해야만 하는 세계에서는 쉼 혹은 여가 시간도 다음 활동을 위한 준비로서의 의미 밖에 가질 수가 없다. 이런 세계에서의 삶은 우리를 늘 피로하게 하고, 열심히 뭔가를 하지만 시간이 지나고 나면 무엇을 했는지 알지 못하는 혼란 가운데 빠지게 된다.

그러면 어떻게 현대사회 속에서 쉼을 경험할 수 있을까? 쉼을 이해하는 방식의 변화가 필요하고 나아가 삶을 살아가는 태도의 전환이 필요하다. 또한 이러한 이해의 토대 위에서 시대적 조류를 거부하고 참된 쉼을 실천할 수 있는 용기 있는 사람들의 공동체가 요구된다. 쉼과 삶을 대하는 방식의 전환이 의미하는 바를 좀 더 분명하게 이해하기 위해서는 아리스토텔레스의 주장을 살펴볼 필요가 있다. 그는 『윤리학』(Ethics)에서 인간 삶을 '향락적 삶', '정치적 삶', '관조적 (철학적) 삶'으로 나누었다. 인간들에게 이 세 가지 삶의 형태가 모두 필요하지만 그

중에 가장 수준이 높은 것을 관조적 삶이라 했다. 이런 관조적 삶은 노동의 시간이 아닌 여가 시간에만 가능하다고 한다. 그러나 모두가 여가에 관조를 하며 보내지는 않는다. 지성의 작용인 관조를 하며 쉼을 보내기 위해서는 교육이 필요하다고 한다. 즉, 우리 청소년들에게 참된 쉼을 경험하게 하기 위해서는 자신과 사물을 성찰하고 관조하는 방법을 알게 하고 그러한 삶을 살아가는 힘을 길러주어야 한다. 관조가 중심이 되는 쉼을 경험하기 위해서는 쉼에 대한 새로운 이해뿐 아니라 쉼을 선택하고 관조를 실천하는 용기가 필요하다.

현대사회는 아리스토텔레스의 말과 달리 필요하고 유용한 것을 하는 노동/일은 중요하게 보지만, 고상한/훌륭한 것을 하고자 하는 여가/쉼은 가볍게 보는 경향이 있다. 그러므로 성과를 중시하는 실용주의 사회에서 성과달성에 유용한 노동/공부가 아닌 성과와 무관한 쉼을 선택하는 일은 시대적 조류에 어긋나는 것이다. 그런 면에서 쉼은 거부에서 시작된다. 그러나 시류에 대한 거부를 통해 쉼을 선택하는 일은 쉬운 일이 아니다. 그러므로 이러한 저항의 실천은 개인적 차원보다는 집단적으로 행하기가 쉽다. 그런 면에서 〈꽃친〉은 좋은 모범이 되는 사례라 할 수 있다.

② 자기다움을 찾아주는 쉼의 성과

쉼은 다른 무언가를 얻기 위한 과정이나 활동이 아니다. 만일 쉼을 어떤 목표를 달성하기 위한 수단으로 이해한다면 그 쉼은 더 이상 진정한 쉼이 아니다. 이는 아리스토텔레스나 피이퍼가 분명히 말한 바이기도 하다. 아리스토텔레스는 여가의 핵심 요소인 관조는 진리를 탐구하는 일 그 자체가 목적인 활동이라 하였다. 그런 면에서 여가는 노동과 구분된다고 하였다. 피이퍼 역시 앞에서 언급한 바와 같이 여가란 사회적 기능을 수행하기 위한 활동이 아니라 활동의 유용성을 초월하여 그 자체를 경험해야 하는 인간의 본질로 보았다. 이 점을 분명히 한 뒤 그 다음 우리는 쉼이 가져오는 결과 혹은 성과에 대해 살펴보고자 한다. 강영안(2018)은 쉼이 우리에게 소극적 자유와 적극적 자유를 준다고 한다. 즉, 우리는 쉼을 가질 때 우리의 몸과 마음을 얽매고 있던 것으로부터 벗어나게 될 뿐 아니라 주위의 사람과 사물들에 대해 새로운 관심을 갖게 된다는 것이다.

또한 쉼은 우리를 활동적인 삶에서 사물을 응시하고 그 속에서 일체가 되는 관조적 삶으로 옮겨가게 하기도 한다(강영안, 2018: 218). 이런 주장은 쉼과 유사한 의미를 가진 '휴식'(休息)이란 한자어를 분석한 내용과도 일치한다. 즉, 휴식(休息)이란 사람(人)이 나무(木)에 평안히 기대어 마음(心)이 자유롭게(自) 된 상태라 할 수 있다. 한병철은 쉼이 없는 현대인들은 무한 성과주의에 사로잡혀 자기 내외적으로 착취를 당하는 피로한 삶을 살게 된다고 한다. 이런 굴레에서 벗어나는 길은 쉼을 가지면서 사색과 성찰의 삶을 사는 것이다.

이처럼 쉼 가운데 이루어지는 사색과 성찰은 잃어버린 시간의 방향과 리듬을 회복시켜 주어 우리가 '향기 있는 시간', 즉 우리 자신의 고유한 특성과 스토리가 있는 시간을 살 수 있게 해준다고 한다(한병철, 2013). 피이퍼(1998)는 우리가 쉼을 충분히 누리면 결과적으로 육체적, 정신적, 영적으로 힘을 공급받게 된다고 한다. 일 중심의 세계에서는 사람들을 과업 수행의 기능 유무로서 그 가치를 평가하는 경향이 있다. 그러나 쉼은 인간이 기능적 존재 이상이며 육체와 영혼이 유기적으로 결합된 총체적(wholistic) 존재임을 깨닫게 해 준다. 만일 우리가 쉼 없이 일만 계속한다면 우리는 일하는 기능은 숙련되겠지만 영혼을 가진 인간으로서 총체적 존재로서 인간다움을 갖추는 데는 어려움을 겪을 것이다. 쉼을 통하여 인간은 지금까지 알지 못했던 자기 내면의 소리를 듣게 되고, 자연과 역사 뒤에 존재하는 초월적 존재에 대한 각성을 얻기도 한다.

이상에서 철학자들이 말하는 쉼이 가져오는 결과 혹 성과에 대해 간단하게 살펴보았다. 이들이 제시하는 쉼의 결과들이 조금씩 차이는 있지만 이들 모두가 아리스토텔레스의 사상에 근거하고 있는 듯하다. 아리스토텔레스에 따르면 인간이 추구하는 최상의 상태는 행복이며 행복은 쉼을 가질 수 있는 여가 가운데 달성할 수 있다고 보았다. 그리고 여가 혹은 쉼 속에서 중요한 활동은 관조라 하였다. 관조적 삶은 우리 속에 있는 신적 요소인 지성을 사용하여 신적 삶을 사는 것이라 하였다. 이처럼 쉼에 대한 관심을 가진 학자들은 쉼이란 뭔가 다른 목적을 달성하기 위한 준비단계나 수단일 수 없다고 한다. 그러면서도 올바른 쉼은 우리 삶에서 매우 중요한 것들을 결과적으로 가져다준다고 한다. 그것은 향기 있는 시간, 즉 자신의 고유한 특성이나 스토리의 기억을 내포하는 시간이기도 하고, 주변의 타자에 대한 관심을 갖는 여유일 수도 있다. 그리고 쉼은 인간이란, 성과로 가치를 판단하는 기능적 존재가 아니라 육체와 마음에 영혼이 깃들어 있는 총체적 존재임을 자각하게 한다. 또한 쉼은 우리에게 참다운 행복을 경험케 하고 초월적 존재인 신에게 나아갈 마음을 부여하기도 한다.

지금까지 쉼의 성과에 대한 논의를 주로 철학자들에 의해 제기된 내용을 중심으로 살펴보았다. 그래서 이러한 논의가 지나치게 관념적이고 이상적이라 생각할 수 있다. 그러나 쉼에 대한 이러한 논의가 허구적이지 않음을 꽃친에 참여한 청소년들의 생애를 살펴봄으로 알 수 있다. 연구참여자들은 1년의 쉼을 경험하면서 많은 것을 배우고 얻었다고 했다. 쉼의 결과들을 설명하는 그들의 언어 사용이 철학자들과 다르긴 하지만 그 내용은 일맥상통했다. 참여자들은 쉼을 가진 뒤 그 결과로 얻은 것에 대해 다양하게 표현했지만 주요 공통내용을 요약하면 '자기다움의 발견', '자기정체성 형성'과 '진로 탐색' 혹 '희망 만들기' 등 두 가지였다.

• 자기다움의 발견 혹 정체성 형성

10대 청소년 시기에는 자신이 누구인지, 어떤 성격의 소유자인지, 좋아하는 것은 무엇인지, 무엇을 싫어하는지, 잘하는 것이 있는지, 장차 무엇을 하기를 원하는지 등과 같은 질문들을 제기하며 그 답을 찾고 싶어 한다. 자아의 탐색과 발견은 청소년의 삶에 정서적 안정감과 자신감을 줄 뿐 아니라 미래 삶의 방향을 제시하는 역할을 한다. 그래서 많은 교육기관에서는 자아의 탐색을 청소년기의 중요한 과제로 보고 프로그램을 시행하기도 한다. 그러나 불행하게도 우리나라의 청소년들은 그 시기에 자아를 발견하여 자기정체성을 확립하는 경우가 그다지 많은 것 같지 않다. 이유는 청소년 대부분이 너무 분주하여 자기 발견을 할 수 있는 여유가 없기 때문이다. 오히려 경쟁적이고 획일적인 분위기 속에서 자신의 자연스러운 모습을 억압하고 사회적으로 조장된 얼굴을 가지곤 한다. 참여자 다수가 이런 경험을 중학교 시절에 하였다. 특히 B는 대표적인 사례이다. 그녀는 어릴 때부터 마음이 느긋하고 순진하여 사람을 대할 때 정성껏 대하는 태도를 가지고 있었다. 그러나 그녀의 이런 성품과 태도는 경쟁적 분위기에 길들여진 대한민국 중학교 학생들 사이에서 수용되기보다 배제되고 무시되었다. 그래서 B는 다른 학생들과 유사하게 보이려고 자신을 감추는 가면을 쓰고 다른 사람처럼 행동을 했다. 다른 참여자들도 B와 같이 자신의 자연스러운 성향을 감추려고 노력했다고 한다. B의 엄마는 이런 현상을 안타깝게 말하였다.

> 애가 순진하고 약은 데가 없고... 그렇게 3년을 다니다 보니 애의 자기스러운 것이 거의 사라지고... 자기가 자기스러운 데를 보이면 무시를 당하는 거죠. 전에 시골 학교 다닌 것, 여행을 많이 다닌 것 등. 이런 경험들이 별로 의미가 없는 거예요. [그래서 다른 길이 필요하다고 생각했어요.] (B 모. 2019. 02. 18.)

B와 같은 경험을 가진 청소년들이 꽃친에 참여하면서 조금씩 자기 자신에 대해 솔직하게 대면하면서 자신을 알아가게 된다. 그러면서 자신의 성향과 생각에 따라 주체적으로 삶을 살아가는 법을 배우게 된다. 중학생 시절 상실되었던 참여자들의 '자기다움'이 꽃친과 함께 한 쉼을 경험하면서 다시 회복되는 것을 말하고 있다. 어릴 때 지녔던 쾌활함, 순진함, 진실함 등의 성향들이 중학교에서는 부정적으로 간주되어 억압되고 있다가 오랜 쉼을 통해 다시 발현된다는 것이다. 쉼 가운데 회복되는 각자의 독특한 자기다움을 꽃친에서는 그대로 수용하기 때문에 자신을 숨길 필요가 없어 자연스럽게 자기다움이 강화된다고 한다. 그렇다면 꽃친에 참여하여 쉼을 가진 것이 어떻게 그들의 자아발견에 기여한

것인가? 충분한 쉼이 주는 여유로움이 영향을 주었다고 볼 수 있다. 1년의 꽃친 시기동안 참여자들은 충분한 쉼을 누리면서 생각을 많이 하게 되었다고 한다. 그리고 많은 생각은 결국 자신을 성찰하게 하여 자아를 발견하는 데 이르게 하였다는 것이다. 그들은 초등학교와 중학교 시절을 보내면서 자신이 지니고 있던 자기다움의 모습을 상실했다고 한다. 이유는 너무 바쁜 생활로 인해 쉼이 없으니 마음의 여유가 사라져 자신의 내면을 들여다보지도 못하고 남을 위한 배려나 관심을 갖지 못하게 되었다고 한다. 그래서 웃음이 사라진 무표정한 얼굴에 자신만 생각하는 이기적인 태도를 갖게 되었다고 한다.

또한 학교 특히 중학교의 문화란 것이 협동보다는 경쟁, 배려보다는 무시, 포용보다는 배제, 진실보다는 속임, 성실보다는 눈치 등이 주류문화를 차지하고 있다. 그래서 그러한 주류문화를 싫어하지만 따돌림을 받지 않으려면 그런 문화의 소유인인 양 행동해야 한다. 그러다 보면 이전의 자기다움을 잃어버리고 자기정체감에 혼란이 생기기도 한다. 이런 상황에서 쉼은 숙고와 성찰을 할 시간을 주어 자신의 원래 모습과 꾸며낸 모습을 분간하게 하고 무엇이 옳은 것인지를 판단하게 한다. 결국 충분한 쉼은 혼란스러운 자아를 정리하여 자신의 원래 자리를 찾게 해준다. 다수의 참여자들이 자아의 발견과 성장을 충분한 쉼이 가져다준 가장 소중한 성과란 점을 강조했다. 한 참여자의 엄마는 아이의 개성을 억압하는 학교생활과 자기다움을 찾아주는 쉼의 경험을 대비하여 다음과 같이 말하였다.

학교는 규격화되어 있잖아요. 딱 원하는 구조가 있어요. 말 잘 듣는 아이, 선생님 말에 대답 잘하는 아이, 순응하는 아이. 그런데 우리 아이 같은 경우는 초1 들어갈 때부터 선생님이 [우리 때는 들어보지 못했던] ADHD로 판정하고 약 먹여라. 이렇게 그냥 규정해 버려서 되게 힘들었어요. (중략) 꽃친에서는 아이들이 쉬면서 충분히 어떤 중압감에 눌리지 않고. 어떤 편견도 없이 그냥 뛰어놀고 또 배우고 또 그 안에서 관계를 맺고 갈등을 해결하고 그러면서 그냥 얘는 자기를 발견하는 것 같아요. (F모. 2018. 12. 01.)

• 진로 탐색 혹 희망 만들기

진로와 적성 탐색은 꽃친의 탄생에 영향을 준 덴마크의 애프터스콜레(Efterskole), 아일랜드의 전환학년제(Transition Year), 영국의 갭이어(Gap Year)와 우리나라의 오디세이학교, 꿈틀리인생학교 등과 같은 청소년 갭이어들이 직간접적으로 추구하는 교육의 목표이기도 하다. 10대 청소년기에 진로 탐색이 중요하다는 것은 진로 탐색을 주요 목표로 하는 자유학기제를 우리나라의 모든 중학교에서 시행하고 있는 사실을 보아도 알 수 있다. 청소년의 진로 탐색이 중요함에도 불구하고 우리나라 현실에서는 그것이 효과적으로 이루어지지 않는 것이 현실이다.

꽃친의 연구참여자 대부분은 꽃친 참여 시기에 자신의 진로에 대한 생각을 분명히 하거나 중대한 전환을 결정하였다고 한다. 그들은 모두 꽃친 참여 중에 자신의 적성을 발견하고 진로를 결정하고 나아가 진로가 자신의 행복한 미래 꿈과 어떻게 연결되는지를 생각하게 되었다고 한다. 꽃친 기간 동안의 쉼은 무엇보다 생각할 시간을 충분히 주어 자신과 꿈에 대해 생각을 할 수 있게 했다. 또한 많은 여유 시간 동안 자신이 평소 하고 싶던 일들 - 영화와 드라마 보기, 공연 관람, 책 읽기 등 - 을 맘껏 할 수 있었다. 이러한 쉼은 이들에게 자신의 진로와 관계하여 각자가 관심 있는 분야에 보다 깊은 이해를 하게 만들었다. 또한 진로를 정할 때에 주위 사람들의 눈치를 보지 않고 자신의 소신대로 밀고나갈 수 있는 용기도 쉼을 통한 성찰의 힘으로부터 나온다고 그들은 말했다.

참여자들 가운데 A의 생애는 쉼이 그의 진로에 대한 생각에 어떻게 영향을 주었는지를 보여 주는 좋은 사례이다. 그는 어린 시절부터 예중에 이르기까지 클래식 음악을 공부했지만 모방적 연주를 강조하는 연주방식이 자신의 성향과 맞지 않아 고민을 하던 중 꽃친에 오게 되었다. 꽃친에서 그는 남을 따라서 살지 않고 나의 주체적인 삶을 행복하게 살아가는 것이 중요함을 배웠다고 한다. 그러면서 그는 자연스럽게 자신이 즐겁게 할 수 있는 실용음악 쪽을 결정할 수 있었다. 또한 진로와 관련하여 그의 중요한 생각의 변화는 자신의 꿈을 하나로 고정하여 그것에 구속되고 싶지 않다는 점이다. 그는 자신이 좋아하는 일을 즐기면서 열심히 준비하면 그에 부응하는 일이 생길 것이라 했다. 어떤 일을 하게될 것인지를 기다리는 기대감도 즐거운 일일 수 있다는 것이다. 또한 꽃친에서 다양한 일들을 경험하면서 음악 외에도 즐겁게 할 만한 일들이 세상에는 많음을 알게 되어 앞으로의 삶이 기대된다고 했다.

> 클래식 음악을 하면서 갑갑하다고 느끼는 것 같아요. 단적으로 말하면 선생님 시키는 대로 치는 것, 시키는 대로 똑같이 복사해 내야... 그런 것들이 있었는데 [이를 힘들어 했어요]. (A 모. 2019. 02. 18.)

> 뭔가 꿈을 딱 정해 버리면 거기에 맞춰 살아야 하니깐. 그런 게 저는 좀. 안 맞기도 하고. 그래서 막 정해 놓은 꿈은 없는데. 음. 좀 무모해

보일 수도 있긴 하지만... 남들이 다 사는 것처럼 살고 싶지는 않아요. 다르게 그러니깐 [내가 하고 싶은 대로] 나의 방식으로 살고 싶어요. (A. 2019. 07. 19.)

꽃친 참여자들은 자신의 진로를 단순히 미래에 하게 될 직업으로만 생각하지 않았다. 진로 혹 직업은 자신이 즐겁게 일을 하면서 향유할 수 있는 행복한 삶을 가꾸어 가는 과정으로서 이해했다. 그러므로 그들에게 진로는 꿈과 희망으로 이해되고, 그 꿈은 하나로 고착되지 않고 다양한 방향으로 열려있었다. 그리고 현재는 미래의 직업을 얻기 위한 고통의 준비 기간이 아니라 좋아하는 일을 더 잘하기 위해 기대를 갖고 수행하는 행복한 삶의 한 과정이라고 생각했다. 꽃친에 참여한 청소년들이 이처럼 자신의 꿈과 희망을 발견하고 그것을 가꾸어 가는 모습은 우리나라 학교에서 쉽게 발견되는 모습은 아니다. 그들이 꿈을 찾아가도록 하는 데 작용한 꽃친의 영향은 충분한 쉼을 통해 진로에 대한 많은 생각을 하게 했다는 점이다.

또한 중학교 시절까지는 시간이 없어 잘 하지 못했던 것들을 맘껏 하면서 자신이 좋아하는 것을 더욱 분명하게 확인할 수 있었다. 즐기면서 보낸 시간들은 그들에게 드라마 음악, 특수 분장, 영화의상 등과 같은 분야를 공부하는 중요한 시간이었다. 그리고 꽃친은 청소년들이 진로를 선택하는 과정에서 사회가 갖는 편견을 넘어서도록 격려하였다. 그래서 그들은 사회가 선호하는 클래식 음악 대신 실용음악을 선택하거나 4년제 '명문대학'이 아닌 2년제 대학에 가는 것을 당당하게 생각했다. 그리고 꽃친이 청소년들의 진로 찾기에 도움을 준 또 하나의 방법은 다양한 사람들을 만나도록 한 것이다. 그들은 처음으로 만나는 다양

청소년 갭이어,
나답게 성장하는 1년의 쉼

한 사람들을 통해 재미있게 할 수 있는 일들이 많다는 사실을 알게 되었다. 그리고 우리 사회에는 주위의 시선에 개의치 않고 자신의 일을 사명감을 갖고 행복하게 하는 사람들이 많다는 사실도 배웠다. 이런 활동들을 하면서 그들은 자신의 숨겨진 적성과 재능을 발견하기도 하고, 진로를 생각하면서 우리 사회에 도움이 필요한 사람들에 대한 관심을 갖기도 하였다.

지금까지 제시한 참여자들의 경험은 충분한 쉼이 앞의 철학자들이 말한 바와 유사한 결과를 낳고 있음을 보여 준다. 남을 의식해서 관습대로 살던 삶의 방식에서 벗어나 자기만의 삶의 방식을 찾는 참여자에게는 얽매임으로부터의 자유가 주어지고, 그가 살아가는 시간에는 향기가 더할 것이다. 즉, 그의 시간은 더 이상 방향과 리듬 없는 무채색의 시간이 아니고 그의 고유한 빛깔과 이야기가 가득 담긴 시간으로 바뀌게 된다는 것이다. 이전에는 악기 연주가 입시를 위한 것이었는데 지금은 연주 활동 자체에 흥미와 의미를 갖게 되었다는 참여자들의 이야기는 앞의 철학자들이 강조한 쉼/여가의 필수요소와 유사하다고 할 수 있다. 또한 참여자들이 쉼을 통해 여유를 갖게 되자 자신에 대한 이기적 관심으로부터 조금씩 벗어나 주변의 가족과 친구들과의 관계에 대해 숙고를 하고, 나아가 우리 사회의 소외된 이웃에 대해 관심을 갖게 되었다는 발언도 제대로 된 쉼이 가져다주는 성과라 할 수 있다.

나가는 말

우리 삶에서 쉼은 선택이 아니라 필수이다. 더구나 성장 중에 있는

3장 청소년들이 경험한 쉼의 의미와 성과에 대한   181
생애사 연구

청소년들에게는 더욱 그러하다. 쉼은 숨을 편히 쉴 수 있는 상태이다. 우리는 하던 일을 멈추고 숨을 편하게 들이 쉴 때 비로소 몸과 마음의 긴장이 해소된다. 만일 숨을 편히 쉴 여유 없이 일만 한다면 몸과 마음에 긴장과 스트레스가 쌓여 병이 들고 말 것이다. 쉼 없는 삶이 오랫동안 지속된다면 숨이 목에까지 차서 목에 숨이 막히게 되고 결국 목숨을 잃게 될 것이다(강영안, 2018). 오늘날 우리 사회의 청소년들이 이런 상태에 놓여 있는 것은 아닌지 염려가 된다. 그렇다면 청소년들에게 쉼을 갖게 하는 일은 그들의 목숨을 살리는 중차대한 일인 것이다. 본 연구에는 쉼의 의미와 가치 또는 성과에 대한 이론적 논의와 실증적 탐구가 담겨 있다.

지금까지의 쉼에 대한 연구는 철학적, 교육학적 접근으로 이론적 논의가 이루어져 왔지만(김승호, 2015; 김인, 2016; 조영태, 2017) 청소년들을 대상으로 한 실증적 탐구는 매우 드물었다. 이런 상황에서 본 연구는 쉼이 실제 청소년들의 삶에서 어떤 의미와 가치를 지니는지를 구체적으로 보여 준다. 본 연구에서 밝힌 것처럼 충분하고 진정한 쉼은 청소년들에게 자기다움을 회복하고 적성과 진로를 탐색하여 자기 삶의 주체로서 설 수 있게 해준다고 할 수 있다. 쉼이 결여된 삶은 위험함을 알지만 참다운 쉼을 생활 가운데 향유하는 일은 쉬운 일이 아니다. 오늘날 쉼은 개인적 차원의 문제가 아니라 현대사회의 시대적 조류와 관련된 문제가 되었다. 그래서 일/노동 중심의 현대사회에서 일에 종속되지 않고 쉼을 누리기 위해서는 견고한 현대적 삶의 형식에 도전해야 한다. 현대사회의 삶의 형식에는 인간의 무한 욕망을 볼모로 형성된 무한 경쟁체제가 자리 잡고 있다. 이런 상황에서 진정한 쉼을 누리려면 보다 멀리, 보다 높이, 보다 빨리 가고자 하는 나의 욕망을 제어할 수 있는 힘이 필요하다. 그리고 한 순간의 중지나 후퇴도 경쟁에서 패배라고 끊임없이 속삭이는 욕망이라는 이름의 트랙으로부터 벗어나는 용기가 필요하다. 이러한 멈춤의 힘과 거부의 용기는 자기 욕망에 대한 성찰적 사유와 무한경쟁 사회에 대한 비판적 의식으로부터 나온다.

꽃친은 매해 참여 가정 수가 10가정 남짓한 매우 작은 모임이다. 그럼에도 불구하고 그들이 보여 준 교육적 성과는 적지 않았다. 쉼이 필요한 청소년들에게 적절하게 쉴 수 있도록 안내하여 쉼이 갖는 회복의 힘을 보여 준 것이다. 쉼이란 아무 일도 하지 않는 정지의 상태가 아니라 어떤 일을 하든지 즐겁고 평안하게 그 일 자체에 의미를 느끼며 하는 활동이라는 철학자들의 주장을 꽃친 참여 학생들은 경험을 통해 거의 유사하게 깨닫고 있었다. 쉼을 향유하는 일이 현대의 대세에 저항하는 거대한 일임에도 불구하고 꽃친의 사람들은 두려움 없이 일상생활 속에서 쉼을 향유하며 향기 있는 시간을 살고 있다.

참고문헌

강영안(2018). **일상의 철학**. 서울 : 세창출판사.

강영택(2018). 청소년의 쉼을 위한 제도화 필요성에 대한 탐구. 제13회 기독교학교교육연구소 학술대회 "한국의 교육현실 속에서 쉼이있는교육의 방향과 과제" 자료집.

기독교학교교육연구소(2020). 2017~2020 꽃다운친구들 종단연구 자료집.

김승호(2015). **여가란 무엇인가? : 여가와 교육**. 서울 : 교육과학사.

김영지 · 유설희 · 이민희 · 김진호(2016). **한국 아동 청소년 인권실태 연구Ⅵ : 총괄 보고서**. 한국청소년정책연구원.

김영천 · 한광웅(2012). 질적 연구방법으로 생애사 연구의 성격과 의의. **교육문화연구**. 18(3), 5-43.

김인(2016). 교육목적으로서의 여가. **도덕교육연구**. 28(1), 113-132.

이수진 · 정신실(2019). **학교의 시계는 멈춰도 아이들은 자란다**. 서울 : 우리학교.

장영란(2016). 아리스토텔레스와 한나 아렌트의 활동적 삶과 관조적 삶. **철학연구**. Vol. 115. 271-299.

정병오 · 김경옥(2019). **다녀왔습니다, 오디세이학교**. 서울 : 민들레.

조영태(2017). 여가와 교과교육 : 피이퍼의 여가론과 진리론을 중심으로. **도덕교육연구**. 29(2). 1-31.

한기봉(2018). 교훈과 교가를 다시 생각한다. 대한민국 정책 브리핑 뉴스. 2018. 07. 25.

한병철(2012). **피로사회**. 파주 : 문학과지성사.

한병철(2013). **시간의 향기**. 파주 : 문학과지성사.

Aristotle. *Aristotle's Politics.*

Aristotle. *Aristotle's Ethics.*

Goodson, I. & Choi, P.(2008) Life History and Collective
   Memory as Methodological Strategies. *Teacher
   Education Quarterly Spring 2008,* 5-29.

OECD(2017). Education at a Glance. OECD.

Pieper, J. (1998). *Leisure : The Basis of Culture.* San Francisco :
   Ignatiusaa.

부록
<꽃다운친구들> 종단연구 절차

본 연구는 <꽃다운친구들>과 관련된 문헌연구 및 해외/국내 사례비교 연구를 통해 꽃친의 교육적 의미를 분석하고, 교육현장의 관찰과 구성원(꽃친 참여 청소년, 부모 등)들의 면담을 통해 구체적인 사례와 변화를 분석, 연구하고자 했다. 또한 꽃친이 가지는 '1년의 방학기간'의 의미를 살피기 위하여 4년간(만 3년)의 종단 연구(생애사 연구)를 병행하여 꽃친에 참여한 청소년들의 이후 삶과 진로를 분석, 연구하고자 했다. 자세한 일정은 아래와 같다.

1) 문헌연구

- 쉼의 교육적 의미에 대한 고찰
- 한국 청소년의 쉼 실태
- 국내외 청소년 갭이어

2) 면담

• **1~4기 청소년 전체 면담**

1기:2017. 09. 30.　　2기:2017. 09. 22.

3기:2018. 11. 23.　　4기:2019. 05. 31.

• **1~4기 부모 전체 면담**

1기:2017. 12. 16.　　2기:2017. 09. 02.

3기:2018. 12. 01.　　4기:2019. 11. 15.

3) 생애사 연구

• **1~3기 생애사 연구참여자 기수별 2명, 청소년 개별 면담**

1-2기: 2018. 05. 19., 2018. 12. 22.

1-3기: 2019. 07. 18., 2019. 12. 20. / 12. 28.

　3기: 2020. 04. 18.

- 1~3기 생애사 연구참여자 부모 개별 면담

  1-2기: 2019. 02. 18., 2020. 04. 25.

  　3기: 2020. 04. 18.

- 꽃다운친구들 교사 면담

  2017. 09. 22.　　2018. 11. 23.　　2020. 02. 17.

4) 참여 관찰(2019년 총 10회 관찰)

  1회:2019. 03. 29.　　2회:2019. 04. 26.　　3회:2019. 05. 03.

  4회:2019. 06. 28.　　5회:2019. 07. 20.　　6회:2019. 08. 30.

  7회:2019. 10. 11.　　8회:2019. 10. 22.　　9회:2019. 11. 09.

  10회:2019. 12. 19.

5) 실태조사

- 1차 실태조사: 2018. 08. 1-3기 청소년, 부모 대상
- 2차 실태조사: 2020. 06. 1-4기 청소년, 부모 대상

6) 중간 발표회와 피드백 수렴

- 1차 보고발표회: 2018. 09. 29.
- 2차 보고발표회: 2019. 10. 14.

7) 최종 보고서에 대한 간담회

- 부모 간담회: 2020. 09. 05. 1-4기 기수별 2명, 부모 참석
- 전문가 간담회: 2020. 09. 29.
  송순재 교수(前 감신대 기독교교육과), 박상진 교수(장신대 기
      독교교육과),
  강영택 교수(우석대), 정해진 박사(고려대 강사),
  김경옥 교사(오디세이학교), 이수진 대표(꽃다운친구들),
  이종철 박사(기독교학교교육연구소), 이하나 연구원(기독교학
      교교육연구소).
- 교사 간담회: 2020. 10. 20.

청소년 갭이어,
나답게 성장하는 1년의 쉼
− 꽃다운친구들 경험 청소년과 가족들의 이야기−

초판 1쇄 인쇄 | 2022년 10월 24일
초판 1쇄 발행 | 2022년 11월 4일

기획 | 기독교학교교육연구소
글쓴이 | 강영택, 이종철, 이하나
펴낸곳 | 쉼이있는교육
펴낸이 | 박상진
편집 | 강지혜, 김효진
디자인 | 김보경
제작총괄 | 르비빔

주소 | (04969) 서울특별시 광진구 아차산로78길 44 크레스코빌딩 308호
전화번호 | 02) 6458-3456
이메일 | edu4rest@daum.net
등록 | 2020년 2월 14일
ISBN | 979-11-980502-0-5 (03370)